国家社科基金项目（13BYY064）系列研究成果之一

DAZHONG MEIJIE DUI WEIWUERZU HANYU SHIYONG DE YINGXIANG

中央民族大学"985工程"

中国少数民族语言文化教育边疆史地研究创新基地文库

中国少数民族语言研究丛书

主编 戴庆厦

大众媒介对维吾尔族汉语使用的影响

朱学佳 刘海涛◎著

民族出版社

目　录

序

在构建和谐语言生活的今天，调查我国少数民族汉语使用状况，探讨媒介接触对少数民族汉语使用的影响，对了解语言国情，促进语言资源保护、利用有积极的意义。

学佳 2003 年考上中国传媒大学语言学及应用语言学专业社会语言学方向的博士研究生，我是她的指导教师。我感到学佳勤奋好学、治学严谨、悟性较好、善于思考。2006 年 6 月，学佳通过博士论文答辩，论文获得答辩委员会专家们的充分肯定，被评为优秀论文，后由中央民族大学出版社出版。

在学佳读书期间，我认识了她的先生刘海涛。海涛聪明、踏实、有思想、善创新。他不仅在生活上全力支持学佳，还积极参与到学佳的研究当中。

今天呈现在大家面前的《大众媒介对乌鲁木齐市维吾尔族汉语使用的影响》，是学佳主持的国家社科基金项目《新疆维吾尔族汉语使用的社会语言学研究》的阶段性研究成果，是海涛、学佳夫妇共同完成的。这本书的出版，从理论上说，为维吾尔族汉语使用提供了一种跨学科的研究模式；从方法上说，为社会语言学、传播学提供了一种多元参考分析视角。因而这本书具有重要的理论、学术意义和实用价值。

总的来说，海涛、学佳夫妇的这本合著以社会语言学变异理论和传播学效果理论为指导，采用分层多阶段概率抽样的方法，对乌鲁木齐市维吾尔族汉语使用变异状况进行声韵调、特点词、语法等本体层面的实地调查，同时考察大众媒介接触对这些语言项目的重要影响。具体的特点是：架构合理，视角较新，语料丰富，统计准确，分析细致，论证充分，结论可靠。相信这本书的出版会受到同行和读者朋友的欢迎。希望海涛、学佳夫妇继续努力，发表、出版更多的研究成果。

是为序。

陈章太

2014 年 8 月于北京寓所咏春斋

第一章　绪　论

语言是人类特有的交际工具、思维工具，也是人类特有的一种信息工具。语言结构本身是个音义结合的符号系统。[①] 具体来说，它是以语音为物质外壳，由词汇和语法构成并能表达人类思想的符号系统。人们借助语言保存和传递人类文明的成果。语言是民族的重要特征之一。随着社会的发展，各民族间政治、经济、文化和日常生活联系日趋频繁，人们势必选择一种语言作为通用于各族成员之间的共同语。

汉语是我国使用人口最多的语言，说汉语的人占全国人口的95%。《中华人民共和国宪法》第十九条规定："国家推广全国通用的普通话。"《中华人民共和国通用语言文字法》第二条规定："本法所称的国家通用语言文字是普通话和规范汉字。"这里的所谓"通用"是指汉语不仅是汉族人民与兄弟民族交际的工具，也是兄弟民族人民经常使用的交际工具。[②]

在新疆，维吾尔族为了加强与内地的联系，促进本民族、本地区经济文化的交流与发展，学习使用汉语普通话及规范汉字的现象很普遍。"双语"教学覆盖率小学、初中、高中已经分别达

[①]　王今铮等：《简明语言学词典》，428 页，内蒙古，内蒙古人民出版社，1984。

[②]　黄伯荣、廖序东：《现代汉语》，北京，高等教育出版社，2011。

到 96%、92% 和 60%。①

第一节　乌鲁木齐市概况

　　"乌鲁木齐"是蒙古语,"优美的牧场"之意。两千多年前,这里曾是游牧民族生息之地。历史悠久的乌鲁木齐,是举世闻名的古"丝绸之路"新北道的必经之路。公元前 1 世纪,西汉设立的西域都护府,曾置戊己校尉在乌鲁木齐近处的金满(吉木萨尔)设营屯田,维护丝路北道安全。隋代设有"互市"(贸易市场),隋代和内地频繁的贸易往来进一步带来了中原文化。唐贞观年间,先后在今达坂城和乌鲁木齐东南一带设西河县和轮台县。明代又在今九家湾一带修筑城堡。清乾隆二十三年(1758年),在乌鲁木齐河以东修筑土城,作为驻军营垒,这是乌鲁木齐最初的城市雏形。乾隆二十八年(1763 年),又于土城以北筑造新城,定名"迪化"(启迪教化,带有歧视少数民族的含义)。光绪十年(1884 年),新疆建立行省,省会即设于此。1949 年 9 月 25 日,新疆宣告和平解放。1954 年,人民政府改"迪化"为乌鲁木齐。1955 年新疆维吾尔自治区成立,首府仍设在乌鲁木齐。②

　　乌鲁木齐即乌鲁木齐市,是新疆维吾尔自治区的首府,全疆政治、经济、文化、科技、金融的中心。乌鲁木齐位于亚欧大陆

---

　　①　2011 年 1 月 20 日在乌鲁木齐市第十四届人民代表大会第四次会议上,市长吉尔拉·依沙木丁所做的政府工作报告。

　　②　乌鲁木齐市人口普查办公室编:《新疆维吾尔自治区 2000 年人口普查资料·乌鲁木齐卷》,12 页,乌鲁木齐,新疆人民出版社,2002。

腹地，地处北天山北麓、准噶尔盆地南缘，西北部和东北部与昌吉回族自治州接壤，南部与巴音郭楞蒙古自治州相邻，东南部与吐鲁番地区交界，海拔 680～920 米，处于东经 86°37′～88°58′、北纬 42°45′～45°00′之间。

乌鲁木齐的地理位置造就了其独特的区位优势。乌鲁木齐是中国连接中亚地区乃至欧洲的陆路交通枢纽，现已成为中国扩大向西开放、开展对外经济文化交流的重要窗口。在世界商贸发达城市所占有的沿海、沿边、沿河、沿线四大地理要素中，乌鲁木齐既占沿边之利，又得沿线之益，这是新疆也是乌鲁木齐在西部大开发中最大的地理优势。特别是随着新亚欧大陆桥的全线贯通，乌鲁木齐作为新亚欧大陆桥中国段的西桥头堡，在中国西部乃至中亚经济发展中的地位和作用日益增强。

乌鲁木齐具有丰富的自然资源。乌鲁木齐市北有准东油田，西有克拉玛依油田，南有塔里木油田，东有吐哈油田，且地处准噶尔储煤带的中部，市辖区内煤炭储量就达 100 亿吨以上，被称为"油海上的煤船"。此外还蕴藏丰富的各种有色、稀有的矿产资源。境内天山冰川和永久性积雪被称为"天然固体水库"。山区有繁茂的天然森林和天然草场，可利用的野生植物 300 余种。光、热和风能资源也极为丰富，有亚洲最大风力发电厂。这些自然资源，为乌鲁木齐的经济发展奠定了坚实的基础。

乌鲁木齐现行政管辖七区一县，七区即天山区、沙依巴克区、新市区、水磨沟区、头屯河区、达坂城区和米东区，一县即乌鲁木齐县。全市面积按新区划调整后为 14216.3 平方千米。全市常住人口为 3112559 人，全市常住人口的地区分布见表 1－1。

表 1 - 1　乌鲁木齐市 2010 年人口普查数据

全市常住人口的地区分布			
地区	人口数（人）	比重（%）	
		2000 年	2010 年
全市合计	3112559	100	100
天山区	696277	24.29	22.37
沙依巴克区	664716	25.15	21.36
新市区	730307	21.28	23.46
水磨沟区	390943	11.77	12.56
头屯河区	172796	6.78	5.55
达坂城区	40657	2.22	1.31
米东区	333676	4.94	10.72
乌鲁木齐县	83187	3.57	2.67

（数据来源：2010 年第六次全国人口普查）

　　乌鲁木齐是一个多民族聚居的城市。世居民族 13 个。除维吾尔族、汉族外，还世居着回、哈萨克、满、锡伯、蒙古、柯尔克孜、塔吉克、塔塔尔、乌孜别克、俄罗斯、达斡尔等民族。乌鲁木齐市现有少数民族 49 个。

　　据第六次全国人口普查统计，乌鲁木齐全市人口为 311.2 万人，各民族构成成分在其居民中都占有一定比例。其中汉族人口为 2231654 人，占总人口的 74.91%；各少数民族人口 780905 人，占总人口的 25.09%。维吾尔族人口为 315017 人，占少数民族总人口的 40.3%，占总人口的 10.1%。[①]

　　①　乌鲁木齐市统计局编：《乌鲁木齐统计年鉴 2011》，北京，中国统计出版社，2011。

不同的市区,其民族人口构成不一致。如天山区和沙依巴克区中维吾尔等少数民族人口分布较多;新市区是乌鲁木齐工业、高新技术经济开发和高等院校、中等专业学校的集中地,以外来移民为主;头屯河区以重工业为主,人口构成以维吾尔族、回族为主;达坂城区还定居着一定数量的哈萨克族居民。

乌鲁木齐的语言环境可用一句话来概括,即多民族语言共处,多汉语方言相间。乌鲁木齐的各民族除回族和满族外,多有自己的语言。1993年9月25日自治区八届人大常委会第四次会议的《新疆维吾尔自治区语言文字工作条例》规定:"自治区的自治机关执行职务时,同时使用维吾尔、汉两种语言文字,根据需要,也可以使用其他民族的语言文字。"从当前情况看,在全国范围内,普通话的市场价值要高于民族语言。由于人口因素,加上汉语强势的社会文化功能,因而乌鲁木齐使用汉语的人口占绝对优势。普通话是乌鲁木齐各民族居民的主要公共交际语言,其次是来自不同方言区的客居方言及新疆汉语方言,再次是双语、双方言的使用。乌鲁木齐双语学习实际上呈现出的是"一面倒"的状况,即少数民族努力学习汉语。

随着改革开放的进一步深入和国家对大西部的奋力开发,作为乌鲁木齐主体民族之一的维吾尔族逐步认识到汉语在社会交往和经济、文化建设中的占据重要地位,要尽快发展本民族的经济、文化、科技和教育,加速新疆建设的步伐,就必须努力学习、掌握并使用汉语。因而,在乌鲁木齐,维吾尔族大多不同程度地通晓汉语。

第二节　汉语在新疆的传播

新疆位于亚欧大陆中部，地处中国西北边陲。特殊的地理环境使新疆成为古代东西方经济文化交流的要道，举世闻名的"丝绸之路"就穿行其中。由于古代世界东西方众多部落、族群的迁徙和交往活动都在这里留下了印记，新疆的居民种系族属和族群关系因此而呈现出错综复杂的特点，使新疆自古以来就成为一个多民族聚居生活的地区。千百年来，生活在这里的 13 个主要民族在漫长的发展过程中友好和睦相处，创造和构筑了精深博大、源远流长的西域文化。这方面最新的史料是，2010 年 3 月 31 日《光明日报》探索栏目刊登的《乌鲁木齐在 3000 年前就与中原有往来》一文说，新疆南山 180 多座古墓出土的 300 多件文物，特别是体积小巧的陶器、制作粗放的青铜器、造型简约的首饰以及晚期墓葬中出土的丝绸，这些丰富的陪葬品或可以说明，三千年前的乌鲁木齐地区就与中原有往来。

一、新疆的民族演变

根据目前掌握的考古资料，在距今 2 万—1 万年的旧石器时代晚期，新疆地区就有了人类的活动。早期新疆居民的种属就是多样的。生活在距今 3800 ~ 2000 年的古代居民，既有蒙古利亚人种（黄种人），又有欧罗巴人种（白种人），还有兼具两者的混血人种。秦汉以前，历史文献中没有关于当时新疆居民族属的记载，只是笼统地将其与西北地区的各民族共称为"西戎"。秦汉时期，典籍开始对新疆居民的族属有了明确记载。当时，新疆地区的古代民族主要有塞人、月氏人、乌孙人、羌人、匈奴人和汉人。魏晋南北朝（220—589 年）时期，是我国民族大融合的时期，各民族迁徙往来频繁。鲜卑、柔然、高车、吐谷（音 Yu）浑等族先后进入新疆地区，曾经十分活跃的大月氏、匈奴等族逐渐融合于其他民族，不见于此后的史书记载。魏晋南北朝时期，有不少汉人为躲避战乱来到新疆地区，他们和汉代屯田将士的后裔汇集在今吐鲁番等地区。隋（581—618 年）唐（618—907 年）时期，突厥、吐蕃等古代民族对新疆历史进程产生了重要影响。唐代后期，回鹘人进入新疆地区，与当地居民逐渐融合，为后来维吾尔族的形成奠定了基础。叶尔羌汗国时期，回鹘人与土著居民以及后来的蒙古人，在文化、风俗和血缘上的融合基本完成，现代意义上的维吾尔族开始形成。宋（960—1279 年）、元（1271—1368 年）、明（1368—1644 年）时期，契丹、蒙古等民族进入新疆地区，并逐渐与当地民族融合。清代（1644—1911年）平定准噶尔部战争胜利后，为了加强西北边防，清廷于 1762年设置伊犁将军，并开始移民成边，垦荒造田，陆续从东北调遣满、索伦（达斡尔）、锡伯等族官兵驻防新疆。以后又有俄罗斯、塔塔尔、乌孜别克等民族从国外迁入新疆，最初的移居者多为商人。至 19 世纪末，新疆已有维吾尔、汉、哈萨克、蒙古、回、柯尔克孜、满、锡伯、塔吉克、达斡尔、乌孜别克、塔塔尔、俄罗斯共 13 个世居民族。维吾尔族人口达到 157 万多人，占到全疆总人口的 3/4，成为新疆名副其实的主体民族。而清军平定准噶尔部以后内地来的迁移者及其后裔则成为清代的新疆汉族居民。统一新疆后，主要由汉族组建的绿营军，作为屯垦成边的主力，遍布天山南北。至清末，汉族也已分布在全疆各地。至此，新疆13 个民族共居的多民族格局基本形成。

民国时期对 13 个世居民族的称谓给予了规范。1935 年，新疆召开第二次民众代表大会，会上对新疆民族的划分和称谓做出了具体规定，确定新疆有维吾尔、哈萨克、汉、回、柯尔克孜、蒙古、塔兰奇、归化、锡伯、塔吉克、乌孜别克、塔塔尔、索伦（今达斡尔族）、满等 14 个民族。新中国成立后，考虑到塔兰奇本身就是维吾尔族的一部分，所以取消了塔兰奇的族称。同时，将归化族改为俄罗斯族。①

新中国成立后特别是改革开放以来，受市场导向作用影响，以上学、工作、经商、务工为主要目的自发、自愿人口流动，在新疆城乡之间、北疆和南疆之间、新疆和内地之间频繁增加。新疆的民族构成及分布格局发生了变化。除基诺族外，中国其他 55 个民族都有成员在新疆定居生活。②

由此可见，新疆自古以来就是一个多民族而不是单一民族聚居生活的地区。从新疆两千多年的历史演变中，我们看到，新疆地区作为一个古代部族生活区域，由于民族频繁迁徙汇融而铸就了今天新疆多民族分布的基本格局现状，更构成了新疆多元文化光彩灿烂、生生不息的历史源泉。

二、汉语在新疆的传播

民族接触必然引起语言接触。秦汉至明清时期，西域在不同的历史时期形成和出现了一些强大的族体地方政权。秦汉时期的塞人、匈奴、月氏、乌孙等，魏晋南北朝时期的柔然、高车，天山南路的城郭诸国等，隋唐时期的突厥、回纥、吐蕃等，竞相登上西域历史舞台的各族政权纷纷通过政治交往、经济文化的较量

---

① 中国民族宗教网：《自古以来新疆就是一个多民族聚居地区》，2010年5月7日。

② 中国国务院新闻办公室：《新疆的发展与进步》白皮书，2009年9月21日。

等方式加强了与祖国内地的联系，极大地促进了民汉语言的接触，使汉语文在西域广泛传播，民汉双语翻译蓬勃发展，民汉语言互相影响，互相借用。总之，在整个封建社会时期，汉族始终以其发达的农业经济和文化影响着不同时期的西域各个少数民族，与西域各民族之间彼此接近、相互凝聚、相互融合，促进了民汉语言的相互接触和影响。

（一）汉语文在西域传播

公元前 2 世纪，汉臣张骞出使西域，汉语言文字随之传到西域。公元前 60 年，汉朝在西域设立西域都护府，伴随着轰轰烈烈的屯田活动，汉语文作为官方用语也随着"汉之号令颁西域"①而开始在西域广泛传播使用。《汉书·西域传》所谓"最凡国五十，自译长，城长，君，监，吏，大禄，百长……王侯，王，皆佩汉印绶"是西域各国接受汉朝统治，置译长（古代主持传译与奉使的职官）行用汉语文的正史记载。众多出土材料，更从各个方面证实了汉语文的行用。如沙雅县于什格提古城出土"汉归义羌长印"，罗布泊北岸土垠遗址出土 70 余枚屯田汉简，尼雅东汉墓出土"延年益寿大宜子孙"汉字锦，等等，都证实当地官府、军事据点、商业用品中汉文的使用。尼雅还出土一件汉简，大约为礼品木牌，上有"休乌宋耶谨以琅一致问（面）小子九键持一（背）"及"且末夫人"等汉字，则是汉语文渗透一般土著居民生活中的明证。

汉统一西域后，西域各国官方普遍使用汉字。考古工作者在和田地区曾发掘出许多"汉佉二体钱"（又称和田马钱）。其正面

---

① 苗普生、田卫疆主编：《新疆史纲》，72 页，乌鲁木齐，新疆人民出版社，2004。

用篆体汉文标明币重，周围环以佉卢文，为于阗王的姓名、称号。佉卢文当时是塔里木盆地南缘地区一些国家和民族所使用的汉字。而币面兼用汉文，表明当时该地区一些少数民族已接触使用汉字。这说明汉时汉语的传播已有相当的程度，当时有不少的民族人士能够使用汉语文。

魏晋南北朝时期，汉语文字在西域的影响愈加增强。例如深受汉文化影响的高昌"期风俗，政令与华夏略通。……文字亦同华夏，兼用胡书"① 在官学中也以教授《毛诗》《论语》等汉文书籍为主。由于汉文的广泛使用，因此，《诗》《书》《礼》《易》《春秋》历代史书和诸子集也都在西域的高昌广为流行。9世纪回鹘人统治此地之后，汉语文依然发挥着重要作用，这一时期篆刻的《高昌土都木萨里修寺碑》《亦都护高昌王世勋碑》《大元肃州路也可达鲁花赤世袭之碑》《乌兰浩木碑》等都是汉文—回鹘文合璧的碑铭。13世纪或14世纪的《善斌卖身契》、柏孜克里克石窟第9号洞窟供养人题记，等等，也都是汉文和回鹘文合璧的文献。内地的《三国志》成书后，西域各族人民争相传抄习读。由此可见当时汉语文在少数民族中传播使用的盛况。

隋唐时期，尤其是唐代，汉语言在西域的传播很广，少数民族上层人物中通晓汉语的人物也不在少数。吐鲁番出土的一份延昌二十七年兵部买马奏文，全文用汉文书写，文末官员签署，其中麹伯雅的签名笔势遒劲，说明这位国王世子、高昌令尹的汉文造诣很深。这是隋朝的文物，距唐不远，可推知汉语在西域的普及。② 为了进一步推广汉语文，唐朝广泛接纳西域诸贵族子弟入

---

① ［唐］李延寿：《北史》，503 页，长春，吉林人民出版社，1995。

② 热扎克麦买提尼亚孜：《西域翻译史》，103 页，乌鲁木齐，新疆大学出版社，1994。

国学读书，培养了一大批精通汉语文的少数民族人才。薛谦光在奏疏中说，这些人"服改毡裘，语兼中夏，明习权法，睹衣冠之仪，目朝章，知经国之要，窥成败于国史，察安危于古今，边塞之盈虚，知山川之险易"①。

　　元明清时期，汉语文在西域少数民族中的使用更加普及。元朝时期，汉语仍是元朝官方和西域各族通用的语文之一。元世祖忽必烈即位后，标榜文治，学习汉法。元顺帝元统元年，用汉语文开科取士，共取进士百人，其中西域少数民族进士就有 10 人。元朝在朝中大量任用西域人为官，致使元朝时期西域各少数民族倾慕汉文化，学习汉语、汉文的热情很高，不少人精通汉语、汉文化的政治家、军事家、科学家、文学家、翻译家和艺术家。例如元朝著名的畏兀儿人史学家沙剌班精通汉语，奉旨编修了 135 卷的《金史》。而当时参与编写《辽史》《宋史》的西域少数民族学者伯颜诗圣、斡玉伦德、泰不化、余阙等均为一时之俊彦，都有极深的汉语造诣。西域少数民族文学家用汉文创造的各种文学作品更是不胜枚举。元代朱明的散曲家康里人不忽木，回鹘人薛昂夫，词作家萨都剌、畏兀儿族散曲家贯云石，等等，都是元代名噪一时的、精于汉文创作的西域少数民族文学家。清朝在语言文字方面的证词是实行满语满文、维语维文、汉语汉文同时使用的政策，汉语是各族人民之间交际的共同语言，各级军政机构中设有翻译（当时称作通事），从事民汉语之间的翻译。清朝政府在天山南北提倡教育。在北疆伊犁、乌鲁木齐、巴里坤各屯戍区，分设义塾，教授四书五经，兼学骑射，入学者多为满汉子弟，同时也吸收民族上层子弟入学。1769 年在迪化州和镇西府所

① 王钦若、杨亿：《册府元龟》，6522 页，台北，"中华书局"，1996。

属各县建学宫，置学官，举行科举考试。所以这些措施极大地促进了少数民族学习汉语的热情，使民汉语言的接触在更深的层面展开。

（二）民汉双语翻译及教学

秦汉至明清时期，由于中原王朝与西域各民族之间政治、经济和文化交流的不断加强，汉民族与西域各少数民族的交往日益频繁，彼此的语言接触更加深化，双语翻译已提上了日程，成为了汉语言接触的重要组成部分。

公元前138年，张骞第一次出使西域，到达大宛后，大宛王派人导送大月氏，"大宛以为然，遣骞，为发导译，抵康居，康居传至大月氏"。① 在这里明文记载了为张骞派翻译和向导的事情。张骞第二次出使西域归国时，"乌孙发导译送骞还，骞与乌孙遣使数十人，马匹十匹报谢"②。这里明确记载了迎送活动中的翻译活动。西域设立西域都护后，在地处南北两线要道的国家或或人口众多的国家均设有译长，专门管理翻译事务。根据《汉书·西域转》，西域诸国中设有译长的有24国，译员在西域各国广泛存在③，反映了当时民汉语言接触的重大发展。

东汉至隋唐时期是佛教的传入、发展、鼎盛时期。这一时期，双语翻译主要表现在对佛经的翻译上。从东汉至隋唐，涌现出许多至中原译经的西域翻译家，达40多人。例如：东汉末年著名的西域翻译家安世高，他与汉族沙门严佛调合译《法镜经》

---

① ［汉］司马迁：《史记》，519页，哈尔滨，黑龙江人民出版社，2004。

② ［汉］司马迁：《史记》，521页，哈尔滨，黑龙江人民出版社，2004。

③ 俄琼卓玛：《汉代西域译长》，载《西域研究》，2006（2）。

一卷；又如：唐时著名的翻译家僧古萨里都统翻译了两部有名的佛教大乘经典《金光明最胜王经》和《大唐大慈恩寺三藏法师传》，他的佛经译作大都译自汉文本，极大促进了西域和中原文化的交流。

元朝是我国历史上一个由少数民族入驻中原建立的统一的多民族国家，大一统的元朝出现了前所未有的民族文化交流，使各族人民有机会更加广泛地参加政治、经济、文化等方面的活动。例如元朝畏兀儿族杰出的汉籍翻译家安藏将汉文医学著作《难经》《本草纲目》译成了畏兀儿文，显示了他精湛的汉语言文字修养。

明朝时期，明王朝与西域各国的交往十分频繁，为了交往的需要，设立了翻译机构。洪武十五年（1382年），明太祖命翰林院组织蒙、汉、回回学者编写《华夷译语》，作为翻译的规范课本。至明成祖朱棣时，创立四夷馆，许多西域人充当了译字生和翻译。四夷馆所属高昌馆，是回鹘语——汉语的翻译机构，使用双语对照词汇集《高昌杂字》，这里也是教习回鹘语的场所。所有这些措施培养了一批以马沙亦黑为代表的精通汉语的西域翻译家、双语人。

清朝时期翻译事业有了进一步的发展，特别在编纂大型字典和辞书方面，是以往历代所不及的。清代编译的与西域民族语言有关的大型辞书有《五体清文鉴》和《西域同文志》，这些辞典是各族学者共同协作的结晶。还有一点值得提及的是，清代末期，在新疆还出现了报刊翻译活动。宣统二年（1910年）二月二十五日，伊犁同盟会在新疆惠远城创办了《伊犁白话报》，以汉文发行，继之又刊行满文、蒙古文、维吾尔文版，均为日报，蒙古文、维吾尔文版的材料摘译自汉文版。《伊犁白话报》1911年

11 月停刊，虽然存在时间很短，却是新疆报业翻译史上的首创。①

《新疆通志·教育志》（2006 年版）记载："新疆少数民族学校早在 20 世纪 30 年代就开设了汉语课程。1936 年新疆省教育厅决定，民族中等学校开设汉语课；汉族中等学校根据学校周边环境分别开设维吾尔、哈萨克、蒙古语。新中国成立初期政府又以法定形式把汉语课定为中等学校的必修课。"②

总之，汉语文自公元 2 世纪传入新疆以来，历经两千多年，虽然各个时期使用范围和程度不同，但一直沿用不废，是有文字记载以来，唯一与西域历史相始终的语言文字③。我们从以上各个时期各种文种的文献上可以发现，汉文几乎都以双语的面貌出现，也就是说，维吾尔族从汉朝起就开始了学习汉语的历史。

（三）解放后的新疆双语教育

新疆维吾尔自治区是一个多民族、多语种、多文化的地区，自古以来就是东西方语言与文化的交汇之地。长期以来，各民族人民在共同的生产生活中，逐渐形成了互相学习语言文字的优良传统，已形成了多种双语类型，其中又以"民—汉"双语型为主。根据《新疆教育年鉴》《新疆通志·教育志》等资料，我们就新疆和平解放以来，加强汉语教学和双语教学等方面采取的措施加以整理。

1. 新疆双语教育政策的形成实施期（1950—1965 年）

20 世纪 50 年代至 60 年代中期，新疆依据国家相关的政策和

---

① 赵江民：《论新疆历史上民汉语言的接触》，载《新疆社会科学》，2008（2）。

② 厉声：《中国新疆历史与现状》，78 页，乌鲁木齐，新疆人民出版社，2003。

③ 同上。

法律，制定了相应的语言政策，突出了以民文为主、民汉两种语言并用的原则，同时提出了民汉互学语言的双语政策。"以民文为主"，即少数民族认真学习、使用和发展民族语文，"民汉两种语言并用"则是要服从汉语是我国通用语这个大前提，二者必须有机地结合。这就从另一个侧面强调了新疆在学习、使用和发展民族语文的同时，又不能忽视汉语的学习和使用，必须实施二者相结合的双语政策。

1950年3月26日，新疆省人民政府颁布《关于目前新疆教育改革的指示》。规定：所有中学班"均加授外族语选修：维族班选修国文和俄文，汉族班选修俄文或维文"。1957年3月，自治区党委发出指示，要求改进和加强汉族干部学习本地民族语文、本地民族干部学习汉语文的工作，首次从双语政策的角度对民汉学生和民汉干部职工互学语言做出了规定。1959年6月，自治区召开教育行政会议，自治区副主席扎克洛夫出席会议并讲话。会议进一步要求从小学四年级开始少数民族小学教授汉语。同年，自治区党委、人大作出了关于少数民族学生升入大学和中等专业学校必须加授一年预科学习汉语的决定。1960—1962年，自治区开始民汉合校试验，1963年制定了少数民族中小学汉语教学大纲。1964年7月，自治区人民委员会批准部分民族中学开展汉语教学实验工作。1964年和1965年，自治区教育厅两次共选派80多名少数民族小学毕业生到北京中央民族学院附中学习。1966年4月，中国汉语水平考试（HSK）在新疆首次举行考试，参加考试人数1500多人。由此可以说新疆的双语教育政策已初步形成并开始实施。

2. 新疆双语教育政策的发展期（1977—1990年）

1976年，新疆各项事业进入了正常发展的轨道，民族教育也走上了复兴之路。1977年以后，自治区教育厅多次下发文件，就汉语教学问题做出明确规定。1978年自治区党委、人民政府决定：民族小学从三年级开设汉语课，到1995年，高中毕业生要达到"民汉兼通"。进入20世纪80年代以后，人们对双语教学的认识进一步深化。1984年，自治区党委提出："各级党委要把加强汉语教学工作当做加速培养少数民族建设人才的一件大事来抓……"1985年9月教育厅发出《关于调整五年制小学部分课程计划的通知》，要求城镇民族小学从1985年新学年起，必须开设汉语课。1987年，自治区党委、人民政府提出："要把加强和改革民族学校汉语教学工作作为发展民族教育、提高民族素质、开发振兴新疆的一项战略措施来抓。"这是自治区第一次把双语教育工作提高到"战略"层次来认识。从1988年开始，高等院校招生考试，汉语按100分计算成绩，区内中专、技工学校招生加试汉语。由此可见，这一时期双语教育的基本方针和基本要求进一步明确、具体和系统化，从而使自治区双语教育工作在经历了十年浩劫之后，又重新得到了恢复和发展。

3. 新疆双语教育政策的完善期（1990—2000年）

20世纪90年代以后，我国进入现代化建设的新时期。一方面，现代科学技术突飞猛进地发展，信息化、一体化日新月异的变化和西部大开发战略的实施，使得少数民族对汉语的学习有了更加迫切的需求。这些变化，必然对原有的双语教育模式提出了调整和革新的要求。另一方面，随着国外双语教育理论的引进及国内外成功的双语教育实验的影响，新疆的双语教育理论研究与实践进入了快速发展时期。总体上看，这一时期的双语政策具有以下几个特点：

（1）双语教育受到极大重视

1992年，自治区召开了第二届民族语言文字工作会议，提出了"双语是提高民族文化的必由之路"的理念。1993 年，自治区八届人大常委会第四次会议通过了《新疆维吾尔自治区语言文字工作条例》，从此新疆的语言文字工作及双语教育工作步入了法制化的轨道。1999 年，自治区党委、人民政府在《关于贯彻〈中共中央、国务院关于深化教育改革全面推进素质教育的决定〉的意见》中明确指出：要把加强汉语教学作为提高少数民族教育教学质量的重要环节。1999 年，报考中国汉语水平考试人数达到 1.5 万人。截至 2000 年，已累计有 5 万人次，成为考生人数最多的考点。

（2）特别强调师资队伍的建设

1991 年，举办了首届自治区中师双语骨干教师培训班。仅 1994 年就培训汉语教师 1500 余人次，进一步加强了民族中小学汉语教学工作。1999 年，自治区人民政府在《关于转发自治区教委〈关于大力开展中小学教师继续教育和加强汉语教师队伍建设的意见〉的通知》中明确指出：加强汉语教师队伍建设，提高"双语"水平和教学质量，是提高民族教育质量的突破口。

（3）开展多种形式的双语教育实验

新疆双语教学实验始于 1992 年。1993 年，自治区教委召开了"自治区民族学生部分学科汉语授课实验研讨会"。1996 年，自治区教委《关于进一步做好民族中学部分学科汉语授课"民汉兼通"工作八点意见的通知》充分肯定了这项实验有利于提高新疆民族教育质量，有利于加速培养高水平、高层次的少数民族各类人才。1997 年，自治区教委制定出台了《自治区少数民族学生双语授课实验方案》，明确提出实验的目的，并对实验的规模和基本条件、实验班管理、教材与课程计划做了详细说明。

4. 新疆双语教育的新跨越（2000 年至今）

2000 年以后，特别是十六大以来，党和国家对新疆教育事业发展给予了巨大的关怀，新疆的双语教育发生了巨大变化，实现了新的跨越。

在办学模式上，2000 年，在教育部的组织领导下，在内地 12 个城市举办了内地新疆高中班，丰富了双语教育的办学模式。2001 年，自治区党委又提出：多民族聚居区要加快民汉合校、民民合校和民汉学生混合编班的步伐。2003 年，《新疆维吾尔自治区人民政府贯彻〈国务院关于深化改革加快发展民族教育决定〉的意见》明确指出：鼓励中小学创造条件实行"民汉合校"或"混合编班"；要求加强对"双语"教学的研究，逐步形成"双语"教学的课程体系，全区普遍从小学三年级起开设汉语课。2005 年，自治区《关于加强少数民族学前双语教育的意见》提出："大力加强农村少数民族学前教育；积极推进与学前教育相适应的少数民族小学'双语教学模式改革'。"至此，自治区把双语实验由高中到初中直至下移到学前班，体现了改变以往封闭式民族教育体系的决心。①

在师资队伍上，2003 年，《新疆维吾尔自治区人民政府贯彻〈国务院关于深化改革加快发展民族教育决定〉的意见》明确指出，要培养一支合格的"双语型"少数民族教师队伍，加强汉语教师培训基地建设，认真实施国家《支援新疆汉语教师工作方案》，并充分利用现代远程教育方式，逐步开展对少数民族教师的汉语培训。启动内地高校援疆师资培训项目、少数民族双语骨干教师培训项目、少数民族骨干教师赴内地学习进修项目、新疆

---

① 王阿舒、孟凡丽：《新疆少数民族双语教育政策发展综述》，载《民族教育研究》，2006（2）。

新增国家级骨干教师培训项目，加快培养少数民族学校双语教学骨干力量。继续实施"新疆中小学中青年汉语骨干教师培训工程"，力争到 2004 年使小学、初中、高中、大学少数民族教师的汉语水平分别达到中国汉语水平考试（HSK）的 3 级、4 级、5 级、6 级或相应水平。

2008 年 7 月，新疆制定了双语教育五年发展规划，这是新疆第一个双语教育规划。同月，自治区党委办公厅、自治区人民政府办公厅印发《关于进一步加强少数民族学前和中小学"双语"教学工作的意见》的通知。文件首次明确了双语教学是指使用少数民族语言和汉语言组织教育教学的教育教学模式，这是是首次以自治区党委、人民政府文件明确双语教学的模式。2010 年，新疆实施《少数民族学前和中小学双语教育发展规划（2010—2020 年)》，明确了双语教育的发展方向和总体目标。2010 教育部、中央统战部、中央编办、国家发改委、国家民委、财政部、人社部、新闻出版总署出台《教育部等八部门关于推进新疆教育实现跨越式发展的意见》，把双语教育作为重点工作予以安排和部署，是双语教育被提升为国家战略的标志。

2013 年 8 月 20 日召开的新疆维吾尔自治区少数民族双语教育工作会议指出，2008 年至 2012 年，国家和新疆维吾尔自治区投入 50 亿元资金实施双语幼儿园建设工程，新建和改扩建双语幼儿园 2237 所。截至 2012 年 9 月，新疆拥有双语教师 7.63 万人，到 2012 年年底，新疆学前和中小学接受双语教育和民考汉学生已达 167.86 万人，占少数民族在校生的 66.61%。根据《新疆维吾尔自治区少数民族学前和中小学双语教育发展规划（2010—2020 年)》，新疆各地将逐步实现双语教育的全面普及，2012 年基本普及少数民族学前两年双语教育，2015 年中小学少数民族学生基本普及多种模式的双语教育，2020 年实现中小学少数民族学生双语教育全面普及。预计届时接受双语教育的中小学少数民族学生达到 261.76 万人，少数民族高中毕业生能够基本熟练掌握和使用国家通用语言文字，打好进入社会就业或者升入高校学习的语言基础。

如今，在新疆，双语教育已经从最初的提高少数民族教育质量的"突破口"发展到"全面推行"的新阶段。

第三节　维吾尔族汉语使用研究

一、关于"非标准普通话"

普通话是现代汉民族的共同语。"国家推广全国通用的普通话"在我国的宪法和国家通用语言文字法等法律，国家和地方的法规、规章上都做出了明确规定，这为国家语言文字提供了有力的法律保障。普通话的定义在 1955 年召开的全国文字改革会议上确定为："以北京语音为标准音，以北方话为基础方言。" 1956 年 2 月 6 日，国务院发出的《关于推广普通话的指示》中增补了"以典范的现代白话文著作为语法规范"，使这一定义从语音、词汇、语法三个方面对普通话进行了规范。[①] 目前实施的国家语言文字工作委员会制定的《普通话水平测试大纲》和《普通话水平测试实施纲要》执行的也是这一标准。由此可见，目前实施的国家语言文字工作委员会制定的《普通话水平测试大纲》和《普通话水平测试实施纲要》执行的也是这一标准。由此可见，共同的语言和规范化的语言是不可分割

---

① 于根元主编：《中国现代应用语言学史纲》，126 ~ 128 页，北京，中国经济出版社，2005。

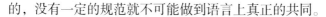

的，没有一定的规范就不可能做到语言上真正的共同。

我国是多民族、多语言、多方言的国家，在现实的语言交际中不难发现，普通话的运用呈现出的是一种层级变化的状况。从普通话运用的具体实践来看，并非所有的汉语使用者都是一口流利标准的普通话，带有汉语方言特点和说话者母语特点的普通话大量存在。陈章太先生在《对普通话及其有关问题的再思考》一文中，对普通话使用的现状界定为："普通话是一个有统一标准的语言系统，又是一个静态与动态相结合的语言体系，具体由标准普通话和非标准普通话构成。标准普通话主要用作推广、教学普通话的标准，非标准普通话是社会上普遍存在的语言现象，是方言母语（一般认为，母语有广狭两义，狭义的母语指首先学会的用以和他人沟通的话——方言；广义的母语，包括这个方言所从属的民族语言。在本文中使用的是狭义的母语概念）和其他语言母语向标准普通话过渡的中间状态，其成分比较复杂。"①

我国目前存在四类"非标准普通话"：一是使用汉语方言的汉族人学习民族共同语——普通话时形成的；二是母语为少数民族语言的少数民族在学习汉语普通话时形成的；三是外国人学习汉语普通话时形成的；四是华裔学习汉语普通话时形成的。"维吾尔族汉语使用变异"属于第二类"非标准普通话"。

二、维吾尔族汉语使用研究

（一）历史回顾

公元前 2 世纪，汉臣张骞出使西域，汉语言文字随之传到西域，公元前 60 年（神爵二年）汉朝在西域设立西域都护府，"汉之

---

① 陈章太：《对普通话及其有关问题的再思考》，载《语文建设通讯》，2000（7）。

号令颁西域"汉语言文字成为当地官方使用的语言文字。两汉以后，汉语文化在西域通行，如高昌地区（今吐鲁番）汉族是当地的一个主要民族，汉语中文始终是这里的主要语文。鄯善地区（今若羌），汉至魏晋时期，一直为西域长史的驻节之地。境内的楼兰城汉语文为主要语文，这里出土了大量汉简，反映当地军政、经济、文化、刑法、社会生活各个方面的情况，1987 年，这里还发现元代汉文文书，说明汉文在此地长期使用。唐朝统一西域后，不仅使汉语文成为各级地方政府的官方语文，而且成为民间交流的工具，西辽虽然是契丹族建立的王朝，但是汉化程度较深，统治者在西域大力推行汉文化，汉语文得到广泛传播。元朝时期，西域涌现了许多精通汉语文的著名学者，明朝与西域的联系相对少一些，但仍一度控制哈密，并颁给瓦剌部汉文之印，清朝统一西域后，汉语文不仅与满语文成为官方语文，而且在民间广泛运用。近现代以来，新疆各族人民无论有无本民族的语文，汉语文都是重要的通行语文。新中国成立以后，政府重视各民族语文的同时，大力提高汉语文教育，新疆汉语文得到长足的发展。

可以这样说，维吾尔族从汉朝起就开始了学习汉语的历史。

（二）研究梳理

维吾尔族学习汉语的历史由来已久，而对维吾尔族汉语使用状况的调查研究却开始甚晚，自 20 世纪 80 年代中期对外汉语教学界引入中介语理论[①]后，偏误分析受到新疆学者的普遍重视，

---

① 吕必松先生在《论汉语中介语的研究》（语言文字应用，1993，2）中称：中介语是指第二语言学习者特有的一种目的语系统，这种语言系统在语音、词汇、语法、文化和交际等方面既不同于学习者自己的第一语言，也不同于目的语，而是一种随着学习的进展向目的语的正确形式逐渐靠拢的动态的语言系统。由于这是一种介于母语和目的语之间的语言系统，所以称为"中介语"。

陆续发表了一些论文，还出版了徐思益先生等著的《语言的接触与影响》。总的来说，对维吾尔族汉语使用偏误研究主要是在维吾尔族学生中进行的，方法基本上都是采用对比分析的方法。研究基本上都是从母语影响的角度探讨维吾尔人说汉语的特征。语音方面：辅音方面主要表现为清音浊化和代替，元音方面主要表现为代替和复元音单化，声调是按照维语的重音读汉语。这里要特别强调一下田世棣先生的论文。通过让学生读文字改革委员会出版的《汉语普通话三千常用词表》，对其中五百对读混淆的词语进行了分析，从而得出维吾尔族、哈萨克族学生误读汉语普通话词语的一些规律：

第一，声母方面：（1）用母语的［b］、［d］、［g］代替汉语的［p］、［f］、［k］；（2）用母语的浊颤音［r］代替汉语的浊擦音［ʐ］；（3）用母语中的舌叶音［ʤ］［tʃ‘］［ʃ‘］兼代汉语普通话中的舌面音［tɕ］［tɕ‘］［ɕ］和舌尖后音［tʂ］、［tʂ‘］［ʂ］。

第二，韵母方面：（1）用母语中的舌面元音［i］代替汉语普通话中的舌尖元音［ɿ］（前）和［ʅ］（后）；（2）介音脱落，这是由于维吾尔语、哈萨克语中没有介音；（3）把汉语的复韵母误读为单韵母，这是由于维吾尔语、哈萨克语中只有单元音没有复元音。

另外，受新疆汉语方言的影响有前后鼻音不分的现象。

这是较早的一篇从维吾尔语、哈萨克语和汉语两个语系内部入手探讨维吾尔族、哈萨克族学生说汉语普通话发音不准的文章，同时提出由于社会的发展使汉族和维吾尔族、哈萨克族的交往日益频繁，因而汉语方言是造成维、哈族说汉语普通话不准的外部原因，这对后来的研究具有开拓性意义。

这里还要着重提的是徐思益先生等著的《语言的接触与影响》。[①] 这是一部系统研究维吾尔族人学汉语的专著，该书从母语对目的语影响的角度探讨维吾尔族汉语使用在语音、词汇、语法上的表现，语音研究的结论：

1. 母语音位替代的音系转移是不可避免的。

2. 按照母语的音节结构改造汉语的音节结构。

3. 母语声调的印迹对汉语声调的影响。词汇方面则是常常把母语词汇的指称、含义和习惯用法迁移到目的语，不顾目的语词汇的使用价值，致使在词汇中留下母语的痕迹。

语法方面的研究表明：

1. 受母语语序影响造成偏误与失误。维吾尔语是 sov 结构，维吾尔人在说汉语时常常把汉语的 svo 结构说成 sov 结构。

2. 受母语的影响，在说汉语时遗漏介词、副词等虚词。

3. 受母语的影响，在使用汉语时过渡泛化。另外，这本书中有学者还从汉语方言的角度阐述了维吾尔族学习汉语时的地域特色，这种研究视角也是少见的。可以这样说，这本书是维吾尔族汉语使用研究成果的集中体现。

在声调方面的研究上，徐思益、高莉琴二位学者指出：形成维吾尔语的词重音不单是音强的作用，而是音高起了主要作用，或可以说是音高重音。维吾尔族人读单音节词伴随着音强读降调，而且降的幅度大，调值相当于［51］；读双音节或多音节词语，前面的音节读成降升调，调值相当于［325］，最末音节仍然读降调［51］。这说明维吾尔语有两个自然声调，其模式是［（325）51］，而最末音节的降调构成词重音。说维吾尔语有两个

---

① 徐思益等：《语言的接触与影响》，第 1～27 页，乌鲁木齐，新疆人民出版社，1997 年。

自然声调，是指这种声调不起区别语义的作用，而是语言习惯使然的以词为单位的上加成分（不同于汉语的所谓字调）。结论是，维吾尔族人说汉语，把母语的习惯自然地迁移到汉语，即用［（325）51］声调模式说汉语，使汉语带有维吾尔语的腔调。①马德元教授认为，维吾尔族说汉语是按照维吾尔语词重音的分布模式来套汉语的字调，单音节词多读降调，双音节或多音节词的最末音节读成降调，其余的音节读成次高平调、中平调或者中升调，类似普通话的第一声或第二声。若非着意强调，一般发不出第三声。②

朱学佳运用抽样调查的方法，对上述结论在乌鲁木齐市维吾尔族大众中进行了分布考察，并通过分布的考察对已往的研究成果进行验证、修订、补充和完善。从调查结果来看，维吾尔族汉语使用在声母、韵母变异方面仅有 5% 左右。就是说，维吾尔族使用汉语时，语音方面的母语印迹已经明显减少，这足以说明随着维吾尔族汉语水平的提高，这种汉语普通话的民族变体很可能会逐渐消失，取而代之的将是越来越标准的普通话。

汉语是有声调的语言，声调是普通话和汉语方言语音最显著和最基本的区别特征。如果声调不标准，即使声韵错误再少，普通话还是不标准。基于此，笔者考察了单字调和双字调的发音情况，结果显示，大部分人声调是有错或有缺陷的。因此，声调是影响维吾尔族人汉语使用标准与否的关键所在。

词汇和语法偏误是学生出现偏误最多的项目，对学生语言中

---

① 高莉琴：《维吾尔人说汉语的语音特点》，载《语言与翻译》，1990（3）。

② 马德元：《学生母语对汉语教学的负面影响》，载《语言与翻译》，2000（1）。

的词汇和语法偏误进行研究也是一直以来偏误研究的重点。研究表明：维吾尔族人说汉语时主要表现在使用新疆汉语方言词上，使用率为25%。维吾尔族人在语法上的偏误使用率是比较高的，平均达到了36%。总之，维吾尔族人使用的汉语既有母语的印迹又有新疆汉语方言的影响，因而具有区域性和民族特色，是民族式的汉语。①

第四节　研究依据、意义及创新

一、研究依据

（一）语言变异理论是重要的理论依据

在索绪尔语言观的影响下，现代语言学研究飞速发展。结构主义语言学派秉承了索绪尔语言同质、共时和静态研究的理论，对各种语言结构进行了较为清晰和系统的研究；转换生成语言学派则研究"纯粹同质的言语社团中理想的说话者听话者"② 的语言能力。这些对于语言学研究是一种飞跃。但这些研究把语言看成是一个自足的系统，抛开了与语言相关的时间、空间以及环境因素，就使得语言研究中一些难以避免的问题突显出来。因为语言本质上是社会的，在研究语言与个人相关的内容时，上述研究方法就陷入了一种困境。就连索绪尔自己也谈道："研究语言与社会相关的一方面时，只要观察任何个人就行，而研究语言和个

---

① 朱学佳：《新疆维吾尔族汉语使用变异研究》，北京，中央民族大学出版社，2007。

② 拉波夫：《在社会环境里研究语言》，《语言学译丛（1）》，北京，中国社会科学出版社，1979。

人相关的一方面时，却要从社会环境中去观察""我们绝对没有办法同时研究它们在时间上的关系和系统中的关系"。① 在这种困境面前，研究者开始把语言研究视角放入一个更宏观的系统——动态平衡系统，关注社会环境中语言的实际状态。

研究语言的实际状况，必然要以真正鲜活的、正在被使用的语言为研究对象，要想实现这个目的，我们就很难忽视现实语言中存在的各种各样的语言变异形式。于是，语言变异成为语言学研究的重要内容之一。

变异是语言中的一种重要现象，很早就引起了语言学家的关注。如美国语言学家萨丕尔、布龙菲尔德、拉波夫等。他们把语言放在社会环境中去研究，具体地分析语言的变异现象及其成因，认为语言不是一种同质的系统，而是一种有序异质的结构。"有序异质"语言理论认为，每一个言语社团所说的语言可以分为若干个子系统，每个子系统相当于索绪尔所说的语言系统。比如，方言交界处的人们头脑中常常有自己方言和邻近方言两个子系统，来自方言区的人们大多有本方言和普通话两个子系统，学过外语的人可能有汉语和外国语两个子系统，等等。每个子系统都有自己的语音、词汇和语法，受其系统内部规则支配。这些子系统之间的关系不是互补的，而是相互竞争的。说话人可以根据不同的语境、不同的交际对象选择某一子系统进行交际。由于在一个人的语言能力中可以共存着几个不同的子系统，因而各子系统就有可能相互干扰，使子系统中出现变异成分。这种变异成分以及其他诸如此类的变异形式在平常情况下的分布是随机的、无序的，对其他人的语言表达不会产生什么影响。如果某一变异成

---

① 索绪尔：《普通语言学教程》，高名凯译，北京，商务印书馆，2002。

分在言语社团中被某一社会人群接受，并开始传播，那么无序的变异就进入有序的行列，意味着演变的开始。如果使用这种变异成分的社会人群在言语社团中具有某种特殊的地位，那么这种变异成分就可能会成为其他社会人群的仿效对象，从而使它从这一群人扩散到那一群人，完成演变的过程。所以，变异成分和某种控制因素存在着一种共变关系，需要联系有关的控制因素去研究。常见的控制因素有性别、年龄、社会阶层等。[①]

语言变异理论着眼于语言实际状态的分析。它认为语言与社会环境有紧密的联系，会受社会各种因素的影响而不断产生变异形式，故应该把它放到社会环境中通过变异成分的分析对语言进行动态的考察。总之，它把语言放到时间和空间的运动中去研究，以显示语言与社会、共时和历时之间的内在联系。

社会语言学研究的是语言和社会共变（co-varilance）关系。变异是社会语言学研究的核心内容，学术上定义为"某个语言项目在使用着的话语中的实际状况"。这个语言项目可以是音位，也可以是某个语义，也可以是音位和某些语义的聚合体，还可以是音义结合的语素或词，还可以是某项语法格式或语法规则。"社会语言学就是要联系社会来研究存在于现实话语中的各种语言变异，找出各种重要的语言变异与社会因素的相关规律，并从这种研究中，找出那些具有发展趋势的语言变异形式，用来指导我们对语言发展的干预。同时也从语言变异的研究中，找出历史上语言变化的痕迹。"[②]因此社会语言学比其他语言学分支学科更加关注现实生活中鲜活的语言及正在发生的各种语言变异形式。维吾尔族汉语使用变异状况作为语言存在的形态之一，也因此受到研究者的关注。

---

① 徐通锵：《历史语言学》，北京，商务印书馆，1996。
② 陈松岑：《语言变异研究》，广州，广东教育出版社，1999。

（二）科学的方法论为语言变异研究提供了有力手段

社会语言学不仅语言观不同于其他语言学流派，而且在实践中逐渐形成了独具特色的方法论和研究方法。这为社会语言学研究提供了有力手段。

科学方法论的主要特点说到底都必须归结到理论与实践的有机结合上。社会语言学家在坚持实践原则的同时，发展出了一套行之有效的实证性研究方法。自然科学和社会科学中系统性的观察方法、严格控制的实验方法、定量分析方法、概率统计方法，等等，都在社会语言学的研究中得到了有效的运用。社会语言学家力图用实践的原则把不同抽象层次的语言学理论密切联系起来，并坚持认为，这些理论不仅需要立足于可以观察到的语言事实之中，还必须接受语言事实的检验。为此，社会语言学不仅重视田野调查以及真实话语的搜集，而且特别注重调查方式的科学性、材料搜集的客观性，以及在此基础上做出科学的定量和定性分析。

总体而言，社会语言学的方法大体有两个层次。一是分析问题的角度和方式，主要有定量和定性之分；一是具体的操作方法和程序，主要有问卷法、访谈法、快速隐匿观察法、变语配对法、语义鉴别法，等等。

在定量研究方面，结构主义语言学家和方言学家的出发点大多都不会超出具体语言或方言的描写，而以定量研究方法著称的社会语言学家，则以有代表性的小样本社区成员的日常会话作为语言研究的切入点，试图发现在同一社区中，语言变异与社会变量之间存在怎样的量化关系。采用这种方法，可以捕捉到正在发生的语言变化，而依赖传统方法的方言学家是无法获得或捕捉到这种变化的。

在定性研究方面，人类学出身的社会语言学家、主要从事会话分析的社会语言学家都认为，每个人都是特定群体的成员，都必然要在具体的语境之中进行交流。在这些交流活动中，社会文化因素和语法、词汇等因素共同制约着说话的内容和方式。因此，交际活动的参与者并不只是依靠语法和词汇来理解或解释某个时刻正在发生的事件。以差异性为立足点进行情景解释的互动社会语言学，则试图为定性的研究寻找可以验证的方法，以便解释现实社会交际中语言和文化的差异性，揭示这种差异性对社会和个人生活的影响。这一派社会语言学家认为，不能再把差异性单纯看作是某些来源不同的语言文化系统之间的差别，或不同语言系统之间语法和语义的区别。无论我们生活在哪里，差异总是包围着我们，并且极大地影响着我们的日常生活。这样，社会语言学家就需要采用一些能够应用于所有情景的、不必对语言和文化背景做同质性预设的分析方法。

在语料的获取上，一方面，社会语言学反对不顾真实的语言事实（即脱离语言使用社会现实）的做法，想当然地认为语言应该是什么样的，而不去发现社会现实中真实、鲜活的语言到底是什么样的；另一方面，社会语言学不盲目信任语言使用者对自己语言的主观判断，而是去实地观察他们实际上是怎样使用语言的。因此，在社会语言学家看来，最理想的语言材料是通过田野调查获得的人们日常生活中自然使用的第一手材料。因为这些材料真实地记录了人们的自然语言表现和语言态度，并且可以反复进行检查和验证，有利于进行细致的和定量的分析，从而增加了语言分析的可靠性和准确度。①

---

① 王远新：《社会语言学的语言观和方法论》，载《中央民族大学学报》（哲学社会科学版），2005 年（2）。

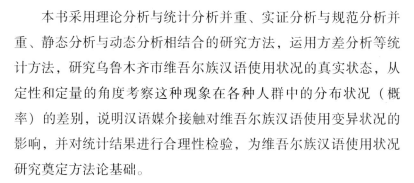

　　本书采用理论分析与统计分析并重、实证分析与规范分析并重、静态分析与动态分析相结合的研究方法，运用方差分析等统计方法，研究乌鲁木齐市维吾尔族汉语使用状况的真实状态，从定性和定量的角度考察这种现象在各种人群中的分布状况（概率）的差别，说明汉语媒介接触对维吾尔族汉语使用变异状况的影响，并对统计结果进行合理性检验，为维吾尔族汉语使用状况研究奠定方法论基础。

二、研究意义

　　鉴于以上情势，在维吾尔族汉语使用状况研究领域进行社会语言学研究，努力总结出一套较为科学、实用与简便的实证研究与预测的方法论，力求在理论与方法上有所创新，具有一定的理论价值与实用价值。主要表现在：

　　（一）有利于了解语言国情、构建和谐语言生活

　　自20世纪30—40年代以来，我国学者就开始了对汉语方言和少数民族语言的田野调查，1949年后又在国家的规划下，开展了分阶段、大规模的调查研究，最近二十多年中，调查研究向纵深发展，基本查清了中国境内的语言状况，积累了丰富可信的第一手资料和一大批有质量的研究成果。应该承认，我国语言学界对迄今已发现的少数民族语言资料的关注和利用都很不够，对汉语与少数民族语言间接触和相互影响产生的变异现象也研究甚少，本研究可以看作是一份少数民族使用汉语的变异的研究报告，这将有助于我们了解语言国情，其价值和意义非常大。

　　当今社会，全球化进程日益加速，信息的交换、获取与应用已渗透于生活的各个层面，作为信息载体的语言作用凸显。如果将与语言相关的各种活动称为"语言生活"的话，语言的学习与教育、语言在各种场合各个领域的运用、语言研究及其成果的开

发应用等，便都可以纳入语言生活的范畴。语言生活的质量，影响甚至决定着个人的生活质量，语言生活的和谐，关乎社会的和谐，甚至关乎国家的稳定与发展。[①] 在此基础上研究多元的、丰富的语言生活，其目的便是促进和谐语言生活的构建，为和谐社会营造和谐的语言环境。

（二）有利于社会语言学、语言接触、传播学等相关理论的完善与深化

语言是社会的，语言与社会共变。社会语言学认为，人群共同的社会分布和共同的语言项目之间存在相关性，社会因素对语言起着重要的推动作用。维吾尔族对汉语的使用是一种社会语言现象，是社会文化接触导致的一种语言变异现象。因此，立足于对这种现象的深入研究有利于完善、深化语言与社会共变理论。语言变化（含变异）不仅可以描写、分析，也可量化。统计、分析维吾尔族汉语使用状况，进而对媒介接触对其使用的影响进行分析，对比维吾尔族汉语使用状况的变化，这为社会语言学、传播学方法论在民族地区的实证研究进行了有益的尝试。

语言功能的衰退或发展源于不同程度不同形式的语言接触。构建和谐社会一个很重要的因素是构建和谐语言生活，而和谐语言生活意味着人们在越来越频繁的语言接触中能从宏观和微观的角度协调好语言之间的各种关系。民族接触必然引起语言接触，而语言接触必然引起语言的学习，学习方式的不同使维吾尔族汉语使用状况呈现出连续性、逐渐进化的特征，其发展具有一定的阶段性。新疆多民族语言共处，多汉语方言相间，考察大众媒介

---

① "中国语言生活状况报告"课题组：《中国语言生活状况报告》，1页，北京，商务印书馆，2006。

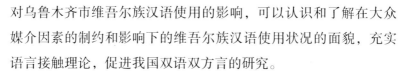

对乌鲁木齐市维吾尔族汉语使用的影响，可以认识和了解在大众媒介因素的制约和影响下的维吾尔族汉语使用状况的面貌，充实语言接触理论，促进我国双语双方言的研究。

媒介效果研究历来都是传播学领域的核心话题。传播效果具有两层含义：一是在狭义和微观的层面上，指具有说服或宣传意图的传播活动在传播对象身上引起的心理、态度和行为的变化；一是在广义和宏观的层面上，指大众媒介的信息传播活动对社会和受众产生的一切影响和结果的总和。① 社会语言学关注的是群体在语言使用上的变异，因此，我们考察大众媒介对维吾尔族汉语使用的影响关注的是宏观效果。考察维吾尔族接触汉语媒介对其汉语使用水平的影响，为传播效果研究增添了新的内容，为传播学"议程设置""沉默的螺旋""涵化分析""知识沟假设"等理论在语言传播效果方面提供了新的研究视角

（三）有利于语言资源研究，促进社会稳定

语言既是物质的，又是社会的，而更多的是社会的。语言以他的物质结构系统承载着丰富、厚重的文化信息，为社会所利用，能够产生社会效益和政治、经济、文化、科技等效益，所以是一种有价值、可利用、出效益、多边化、能发展的特殊的社会资源。② 如果我们充分地利用好语言资源，它将会为我们的社会创造巨大的财富。

新疆是多民族、多语言的地区，民族差异、民族矛盾是新疆历史与现实中的客观存在。国内外新老敌对势力必然利用新疆的民族差异、民族矛盾来谋取他们在新疆、在中国的利益。其中，

---

① 李彬：《大众传播学》，265 页，北京，中央广播电视大学出版社，2000。

② 陈章太：《论语言资源》，10 页，载《语言文字应用》，2008（1）。

民汉关系，尤其是维汉关系历来是他们利用的主要目标。以"东突"为首的民族分裂主义势力以分裂新疆为目的，进行武装叛乱、暴力恐怖活动、舆论宣传、政治文化渗透，这些给新疆的民族关系、经济建设社会稳定带来很大的破坏。语言关系、语言生活的建设也是他们施加影响蓄意破坏的一个方面。因此，在这样一个多语言接触、碰撞的地区，语言间矛盾与冲突的特点表现得尤为突出。在这种形势下，研究维吾尔族汉语使用的状况，可以为政府与大众如何正确对待语言资源，善于利用语言资源，避免语言资源转化为语言问题提供参考。

前中共中央政治局委员、新疆维吾尔自治区原党委书记王乐泉同志2003年2月在组织工作会议上的讲话中指出："要真正实现新疆的长期稳定和发展，不解决语言问题是不行的。语言的不适应不是一个小事情，越到基层显得越重要、越紧迫。""汉族干部一定要加强少数民族语言的学习。另一方面，少数民族干部要努力学习汉语，争取能熟练地掌握和运用汉语。"本书也将就语言资源所体现的价值等问题进行深入分析与探讨。

（四）有利于为少数民族地区制定语言政策、语言规划提供参考

当前，我国的语言生活异常活跃，语言变异现象突出。面对这样的语言生活，我们应该制定怎样的语言政策和语言规划？这需要从中国的国情出发，需要对实际的语言情况进行认真的调查研究。陈章太先生2002年曾指出："我国当前的语言规划还存在一些问题，如对科学研究重视不够，语言规划理论基础比较薄弱，对社会生活和社会问题的调查、研究不够，对有些问题的论

证不够充分，所以有些语言规划活动和做法科学性有所不足。"①
本书通过实地深入调查，获得第一手材料，并运用社会语言学的
理论方法进行分析研究，希望以此为我国少数民族地区的语言规
划和语言政策的制定提供可资借鉴的材料和依据。

西部大开发，新疆是重点。外面的要进来，里面的要出去，
这都需要交际。语言不通，就无法交际；语言水平不高，影响交
际的功效。我国的社会生活和社会交往中，应用性最强、最普遍
的语言就是汉语。"在中国如能熟练地掌握汉语文，就意味着可
以接触和使用国内信息总量的99％，这是数量巨大和无法替代的
资源，掌握这些资源，无论对每个人发展（当然包括少数民族成
员）和个人所从事的部门单位和专项事业的发展都是极为重要
的。"少数民族今后的发展与繁荣，特别是改革、开放，向现代
化迈进，都与他们通晓汉语的程度有关。研究大众媒介对维吾尔
族汉语使用的影响，可以有针对性地加速维吾尔族汉语使用向普
通话发展的进程，为西部大开发背景下的民族地区经济和社会发
展服务。

（五）有利于落实《国家通用语言文字法》《自治区语言
文字通用条例》

西部大开发迫切需要大批民汉兼通的双语人才，《国家通用
语言文字法》《自治区语言文字通用条例》的颁布实施，进一步
明确了语言文字工作为西部大开发服务的指导思想，这将提高少
数民族群众学习国家通用语言文字的热情和积极性。研究维吾尔
族汉语使用状况既可以客观、真实地反映维吾尔族在汉语使用方
面的现状，了解维吾尔族群众日益强烈的学习普通话、克服语言

---

① 马戎：《民族与社会发展》，23 页，北京，民族出版社，2001。

学习障碍的愿望和要求，又可以促进在西部地区依法加强国家通用语言文字的推广使用，为进一步加强东、西部交流，改善投资环境，为促进西部经济和文化建设营造良好的语言文字环境。

随着改革开放的进一步深入和国家对西部大开发战略部署的进一步加强，新疆的少数民族逐步认识到，作为主体民族——汉族的汉语在社会交往和经济、文化建设中占据重要地位，尽快发展本民族的经济、文化、科技和教育，加速新疆建设的步伐，就必须努力学习、掌握并使用汉语。对维吾尔族汉语使用的调查研究，可以使维吾尔族各群体认识到自己所处的阶段，进而主动地缩小与普通话的距离，从这个意义上说，维吾尔族汉语使用状况研究对推广普通话起了积极的作用。

（六）有利于促进双语及对外汉语教学

联系与维吾尔族汉语使用状况有关的汉语媒介因素来考察，可以认识到接触汉语大众媒介对维吾尔族汉语学习的重要性，促进乌鲁木齐乃至全疆双语教育教学手段和方法的改进，促进少数民族汉语教学水平的提高。近年来，到新疆学汉语的留学生主要来自巴基斯坦、阿富汗等周边国家，而且人数呈上升状态，对维吾尔族汉语使用状况的社会语言学、传播学研究可以为对外汉语教学提供借鉴作用。

另外，本研究还可以为语言学、民族学、社会学、人类学等其他学科的研究提供参考。

三、研究创新

本书采用分层多阶段概率抽样方法，对乌鲁木齐市维吾尔族汉语使用状况进行调查，调查结果可以推及乌鲁木齐市31.5万的维吾尔族人，验证、补充、修订、完善了以往的研究。

本书首次从大众媒介接触的角度对维吾尔族汉语使用状况进

行阐释，填补了语言应用与传播结合相研究的空白。事实上，由于接触汉语大众媒介种类和程度的不同，使得维吾尔族人的不同群体中在使用汉语方面存在着差异。正是基于这种假设，试图探讨大众媒介接触对维吾尔族汉语使用的影响，以便为进一步深入探讨大众媒介在第二语言学习过程中的作用和影响打下基础。

第二章　研究方案设计

柯惠新教授在《寻找一种方法——焦点小组和大众传播研究的发展》一书所写的译后记中谈到关于方法的重要性方面的一些感悟：不应该将方法只看成一种技术或程序，应将其看成是对真理的探求。方法是研究工作的语言，是描述世界的基石。我们认为原作者以下的一段话很具启发性："我们常常认为方法是乏味甚至无聊透顶的；在任何书或文章中，关于方法的部分总是被读者一扫而过，他们更关心结果和现成可用的理论。这是件令人感到遗憾的事情，但是它也许来源于我们讲授和讨论方法的方式，我们总是把它看成一种技术或者一套程式，而不是对真理的探求。但是，我们使用的语言决定了我们怎样与世界交流和描述世界。而从另一方面而言，方法是我们阐述事情的技术的根基，并且因此不仅仅只是技术；它正是研究工作的语言，简洁明了的阐释我们怎样做事情。"[①] 笔者认为，方法本身就是一个逐步真理化的过程。它并不是只起辅助作用的奴仆，而是非常深刻的研究领域。从思想史的角度来看，理论大师往往都是方法大师。

现代的传播学研究中，有四种常用方法：调查研究法、内容分析法、控制实验法、与个案研究法。本研究将采用语言学田野

---

① Morrison, D. E (1998) The Search for a Method-Focus Group and the Development of Mass-Communication Research, University of Luton Press.

调查法、传播学的调查研究方法，运用社会科学统计软件 SPSS 进行方差、多元回归的统计与分析，选取乌鲁木齐市人口最多的少数民族维吾尔族，从定性和定量的角度考察媒介接触对维吾尔族汉语使用的影响，并对统计结果进行合理性检验，得出最终研究成果，以此完善和发展我国的语言学、传播学研究。同时，为少数民族汉语使用状况研究奠定方法论基础。

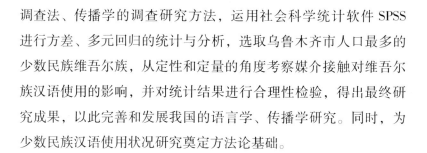

第一节 调查范围、内容和方法

一、总体目标

抽样调查的目的在于根据样本调查的结果来推断总体的数量特征，从而明确整个要研究对象的总体特征，解决要研究的问题。在此次的调查中我们旨在全面了解接触汉语大众媒介对乌鲁木齐市维吾尔族个体使用汉语的影响，把握他们汉语使用变异的特点，分析维吾尔族汉语使用的规律。从理论上说，为维吾尔族汉语使用提供了一种跨学科的研究模式；从方法上说，为社会语言学、传播学提供一种多元参考分析视角。

二、调查单位的确定

（一）调查研究市（县）为调查单位的依据

1. 行政管理

中国社会中的社区和言语共同体①形成的基础往往以地域区隔为基础。在我国，历史最悠久、最基础的行政管理单位是市

---

① 也说言语社区、言语社团、言语社群。本文采用《语言学名词》的用法（商务印书馆，2011 年版）。

（县），市（县）是过去人们经常性人际交往的最大范围。受政治、经济、文化等因素的硬性，以市（县）为限，人们最易形成心理认同基础。因此，我们的调查以市（县）为一个言语共同体有现实基础。

2. 语言相似性和语言认同

除了行政上可操作以外，语言的相似性也是一个重要因素。共同的地域文化和长期的社会交往，使得一个市（县）内部形成了语言上的相似性和高度认同的语言态度。

3. 可参照性

以市（县）为调查单位有很好的调查基础，以往的调查基本上以市（县）为单位进行。朱学佳的《维吾尔族汉语使用变异研究》，刘俐李的《回民乌鲁木齐语言志》《乌鲁木齐市志》均是以市为调查单位。这些成果都构成了本文调查研究汉语媒介接触对乌鲁木齐市维吾尔族汉语使用的影响的重要参考。

4. 可操作性

我国的人口普查最基础的统计数据是市（县）人口数据。调查研究工作要利用人口数据，需要以市（县）为单位进行调查。从调查工作的开展来说，也需要根据市（县）统计资料对市（县）—乡（镇）—村这样的行政层级进行抽样和调查。

（二）调查范围的确定

1. 调查地域

2011 年 5 月 5 日，新疆维吾尔自治区统计局公布了 2010 年第六次全国人口普查新疆人口普查数据。数据显示：乌鲁木齐市人口密度差距悬殊，市区内天山区、沙依巴克区、新市区的人口密度最高，而人口密度最低的是原南山矿区、东山区、乌鲁木齐县也都呈现地广人稀的特点。鉴于此，调查放弃了维吾尔族人口较少的南泉区（原南山矿区）、东山区、乌鲁木齐县，只在天山区、沙依巴克区、新市区、水磨沟区、头屯河区五个市辖区执行。这五个市辖区无论在人口、经济发展程度，还是地理分布上在自治区首府都有一定代表性。

表 2-1　乌鲁木齐市 2010 年人口状况

地区	总户数（户）	总人口数（人）	汉族	维吾尔族
乌鲁木齐市	805514	2430315	1754100	315017
市辖区	774602	2335780	1754100	315017
天山区	177528	552799	345738	139769
沙依巴克区	175058	522371	400461	63097
新市区	173584	534571	433956	47613
水磨沟区	93903	266166	222618	27152
头屯河区	49471	138764	99861	19032
达坂城区	14649	44730	21756	2626
米东区	90409	276379	185498	11171
乌鲁木齐县	30912	94535	44212	4557

（数据来源：《乌鲁木齐统计年鉴 2011》，中国统计出版社，2011）

2. 调查对象

总体是所要调查研究的现象的全体，它是由具有同质性和差异性的许多个别事物的集合体。样本是按随机原则从总体中抽出来的一部分单位的综合体，样本中包含的单位个数成为样本量。

本次调研的总体范围是乌鲁木齐市的维吾尔族全体，即以乌鲁木齐市市辖区为调查的地域目标，以定居在乌鲁木齐市市辖区的维吾尔族人为研究目标总体。

对于定居在乌鲁木齐市的维吾尔族居民，我们把居住一年以上的居民界定为"定居"。考虑到在我们的问卷调查中,有一部分需要被访问者读出问卷上的汉语文字,所以被访问者需要有一定的教育程度,我们取完成九年义务教育的年龄15岁为下限,69岁为上限。同样按照常规,调查也不包括住在军营内的现役军人、集体户及无固定住所的人口。

三、研究内容和方法

(一)研究内容

抽样框是指包含所有抽样单位的详细名单,抽样框中,每个抽样单元都有自己对应的位置。本次抽样框最小单位是社区。

样本量的确定:依照社会科学调查研究的一般抽样经验,置信度取95%,总体抽样误差最大绝对误差在2%~5%之间,同时考虑此次调查的成本控制,经费问题。此次抽样方案设计中,抽样误差规定置信度为95%,总体抽样误差最大绝对误差不超过5%,本次研究总体单位是31.5万人口。

如果想全面了解一种维吾尔族汉语使用变异情况,应该设计调查总体为乌鲁木齐市全部维吾尔族人,但由于研究条件的限制,难以执行。社会语言学的调查采用统计学抽样的方法,比较有效地解决了这一问题。根据统计学原理,我们按照人口的千分之一抽样,本次研究总共预计310名被调查者。

样本量计算采用公式:$N = (t\alpha/2 /p) 2$ 计算,其中 $\alpha = 1 - 95\% = 0.05$,$t\alpha/2 = 1.96$,$N = 757.25$。

1. 目的要求

本研究试图吸收社会学、传播学研究的优点,同时用社会语言学的研究方法具体考查语言变项的变异过程。鉴于语言使用的整体性,我们在变项选择上尽量在语音、词汇、语法上都有涉及。

2. 研究假设

社会语言学不同于传统语言学的重要一点，就是它吸收了人类学和社会学的量化研究方法，并与语言学中的传统定性研究相结合，在抽样调查的基础上得出具有普遍意义的结论。研究者只有确立了自己的假设和构想，才能为以后的研究指明方向，同时用实证的方法求解验证。本文遵循社会语言学的方法来研究乌鲁木齐市维吾尔族汉语使用变异的现状。本文的研究假设是汉语大众媒介的接触是维吾尔族汉语使用变异越来越小的重要原因，即汉语使用越来越标准的重要条件。

3. 语料采集

本文调查用的语言材料来自三个方面：一是来自笔者在双语教学中积累的材料，二是前贤的研究成果，三是田野调查的数据。

（二）研究方法

1. 抽样方法

本研究采用二级抽样调查的方式进行。尽管乌鲁木齐市五个辖区均为研究范围，由于物力、人力、财力有限，做语言普查是不可能的，因此必须采用抽样调查的方法。

2. 调查问卷

问卷是社会科学研究最常用的调查工具，结构化的问题设计可以简单高效地得到调查数据。本研究采用问卷调查的方式。微观的变异调查部分采用读字表、词表和句子的方式进行。

读字表法始自高本汉，这种方法一直是传统方言学沿用至今的调查方言的方法，它可以使整理一种方言的声韵调系统的工作非常高效而全面。但读字表法的局限也很明显，调查得到的结果是字的文读音，而不是字在具体词语中的发音。因为本研究的目的是调查汉语大众媒介接触对其汉语使用变异的影响，而不是整理记录方言的声韵调系统。因此，我们的字表、词表主要考查变异与否。

3. 记录、录音相结合的方法

调查问卷采用面对面询问记录的方式进行，二字词表则采用录音的方式进行。录音技术的发展使得调查效率大大提高，尽管增加了事后整理和录入的工作量，但采用微型录音设备不仅降低了调查者对被调查者的影响。同时，也使得调查工作有据可查，方便了事后的核对工作，而且还为以后的调查数据再利用和深度开发留下了宝贵资料。

4. 定性和定量相结合的方法

对调查结果采用 SPSS 进行数据统计分析，在定量分析的基础上进行定性分析，研究结果以统计分析为基础，尽量避免主观性。

第二节　抽样方案设计和实施

一、抽样设计的原则

抽样设计按照科学、效率、便利的原则。由于研究者的要求，抽样设计须是概率抽样。首先，要求样本对全市有代表性。其次，抽样方案必须保证有较高的效率，即在相同样本量的条件下，方案设计应使调查精度尽可能高，也即目标量估计的抽样误差尽可能小。最后，方案必须有较强的可操作性，不仅便于具体抽样实施，而且也便于后期的数据处理。

具体抽取方法是层中的前两阶段的抽样，即对街道及社区的

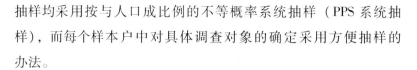

抽样均采用按与人口成比例的不等概率系统抽样（PPS 系统抽样），而每个样本户中对具体调查对象的确定采用方便抽样的办法。

二、抽样方案的类型与抽样单元的确定

本次调查是采用分层多阶段抽样，目标总体是全市维吾尔族居民。多阶段随机抽样是指分两个及两个以上的阶段从总体中抽取样本的一种抽样调查方法，即先粗分，再细分，然后再微分。此方法在面对大规模抽样时，常结合分层抽样法实施，首先将总体分层后，按比例抽出初步样本；其次再以类聚式方法将样本归类，然后从归类组中随机抽取样本，就是最后进行调查的样本。

对于多阶段抽样，第一阶的抽样对抽样误差影响最大，所以设计在五个市辖区中全部执行，第一阶段抽样就直接抽取街道办事处。这样抽样的阶数就很少，各阶段抽样单元确定为：

第一阶段抽样：街道办事处

第二阶段抽样：社区

第三阶段抽样：个人

为进一步提高抽样效率，减少抽样误差，前两阶段的抽样均采用按与人口成比例的不等概率系统抽样（PPS 系统抽样），第三阶段抽样采用方便抽样的办法。

由于总样本量设计为 300，可以设计抽取 10 个街道办事处，每个街道办事处抽取 2 个社区，每个社区平均执行 15 户。这些是初步的设想。

（一）五个市辖区应该抽取的街道

表2－2　市辖区街道抽样

五个目标市辖区	抽样街道
天山区	胜利路街道、团结路街道、解放南路街道、大湾乡
沙依巴克区	扬子江路街道、雅玛里克山街道
新市区	二宫街道、三宫街道
水磨沟区	水磨沟街道
头屯河区	头屯河街道
合计	10个街道

（二）每个街道应该抽取的社区列表

表2－3　市辖区社区抽样

街道名称	抽取社区
胜利路街道	胜利路社区、新大社区
团结路街道	延安路社区、广电社区
解放南路街道	山西巷社区、二道桥社区
扬子江路街道	扬子江社区、人民公园社区
雅玛里克山街道	冷库山社区、西虹社区
二宫街道	科学北路社区、河南东路社区
三宫街道	汇轩园社区、喀什西路社区
水磨沟街道	温泉西路社区、新坊社区
头屯河街道	魏户滩社区、柯平路北社区
合计	18个社区

（三）调查对象的抽取

社区抽样单位完成后，如何抽取到人，考虑到研究目的是汉语的使用，同一社区的同质性较高，差异不大的情况下，结合研究的实际情况和取样的实施操作性，此阶段采用方便抽样的方法，在第二阶段抽取的社区内采用街头拦访的方法抽取调查对象。

每个社区进行街头拦访时，需要根据全市人口统计学变量的一些配比，进行配额抽样。

表 2 - 4　社区配额抽样

配额维度	配额指标	全市比例	具体配额数量
性别	男	0.513	15
	女	0.487	15
年龄	15 ~ 25	0.2077	10
	25 ~ 45	0.7304	10
	45 以上	0.0619	10
经济	1000 以下	0.401	10
	1000 ~ 3000		10
	3000 及以上	0.599	10
教育程度	大学及以上	$5.21364E-08$	7
	高中	$5.21364E-08$	10
	初中	$2.60682E-07$	8
	小学	$1.56409E-07$	5

根据表 2 - 4，每个社区拦访 30 人当中，应该男女各 15 位；15 ~ 25 岁 10 人，25 ~ 45 岁 10 人，45 岁以上 10 人；小学教育程

度5人，初中教育程度8人，高中教育程度10人，大学及以上程度7人；经济上三段各10人。

三、施测人员培训

为了抽样得到的样本量能够真实地反映全市维吾尔族使用汉语的特点，需要对调查者进行规范的培训。

培训主要完成以下几点工作：

明确施测内容：本次调查研究收集数据部分主要需要街头拦访完成，因此需要参加调查的人员了解本次调查问卷的目标，并且能够用双语进行准确解释。

明确施测分工：每位调查员需要亲自走访社区，进行街头拦访，因此根据参加人员的多少，需要进行明确的实测分工。

做好配额比记录：每位调查员在每个社区需要拦访30人，这30人当中需要考虑性别、年龄、教育程度、经济之间的配比，并做好记录。

调查问卷中，第一步的配额比记录请认真填写。

第三节　调查问卷的设计

一、调查问卷设计

调查问卷设计主要参考了《中国语言文字使用情况调查资料》和"普通话普及情况调查"的调查问卷内容，同时结合乌鲁木齐市的具体情况做适当调整。

本问卷是以调查大众媒介对乌鲁木齐市维吾尔族汉语使用现状的影响为目的。基于此，研究者首先把问卷设计为两部分：第一部分为维吾尔族汉语使用的现状调查，第二部分为媒介接触对

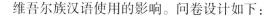

维吾尔族汉语使用的影响。问卷设计如下：

（一）被调查者的背景情况

1. 性别

2. 年龄

3. 职业

4. 受教育程度

5. 经济

（二）被调查者普通话程度

1. 普通话语音面貌

2. 普通话词汇使用

3. 普通话语法程度

4. 普通话程度

（三）被调查者大众媒介接触情况

1. 电子媒介拥有率

2. 印刷媒介拥有率

3. 计算机拥有率

（四）一周接触大众媒介的频度

1. 电子媒介

2. 印刷媒介

3. 计算机

（五）大众媒介接触对其汉语使用的影响

1. 对语音的影响

2. 对词汇的影响

3. 对语法的影响

4. 对汉语的影响

二、字词表设计

调查问卷内容包括单字表、双字表、新疆汉语方言词表、新词语表、语法表五部分。

社会语言学调查的特点是调查范围广，样本量大。为了节约时间，调查的项目不能太多，并且要力争每一个调查项目都能够反映语言的变异。从单字到双字到语法，每一项都需要承载相应的调查意图，对调查假设起到证实、证伪的作用。

字表的内容根据研究目的来确定。从社会语言学的研究目的来说，以字表为调查工具来调查语言变异并不是好的调查方法。脱离字表、通过诱发被调查对象自发性谈话来获取语言自然状态下的资料被认为是语言学调查最好的方法。社会语言学调查语言变异往往交互使用调查字表、词表和自由谈话的方式，以期对调查变项进行比较周全的调查。

单字调和双字调参照《普通话水平测试实施纲要》，考虑到被调查人属于母语为非汉语的少数民族，因而，字词全部选自《普通话水平测试用普通话词语表一》。

问卷中词汇部分的设计属于探索性研究。本研究参照李荣先生主编的《乌鲁木齐方言词典》，陈汝立、周磊、王燕主编的《新疆汉语方言辞典》，通过向专家咨询同时结合个人经验，从中挑选出与日常生活紧密相关的50个词作为目标词语进行调查。

语法调查选取了维吾尔族汉语口语使用中具有代表性的九个语法项目进行考察。它们是：

1. 语气词"嘛""萨""呢"的使用；

2. 起形态标志作用的"走""来"；

3. "给给""给"的使用；

4. 介词的省略；

5. 否定副词"不"用在状语后；

6. "是"的省略；

7. 谓宾倒置；

8. 补语用作状语；

9. "把"字句的泛化。

为了考察大众媒介接触对维吾尔族汉语使用影响，我们专门选用了 2011 年 12 月 14 日，由国家语言资源监测与研究中心、北京语言大学、中国传媒大学、华中师范大学、中国新闻技术工作者联合会、中国中文信息学会、商务印书馆联合发布的"2011 年度中国媒体十大流行语"，并对这些词语的知晓度进行了调查，以验证我们的假设。

第三章　媒介接触与社会性特征

本章所讨论的是维吾尔族接触汉语大众媒介的情况。笔者讲的媒介针对的是大众传播媒介，主要指面向大众的电视、广播、报纸、杂志和互联网这五大媒介。

20世纪60年代中期，社会语言学作为语言学和社会学的边缘学科在美国首先形成、壮大起来。社会学常用的统计调查方法被借用来对人群的语用特点进行调查分析，人的性别、年龄、职业等因素的差异对语言的影响和作用被逐步揭示出来。这些社会特征和大众媒介之间有何关系，是本研究要探讨的。

第一节　媒介使用的测量与评估

传播学中通常将大众传播媒介分为印刷媒介（报纸、杂志和书籍等）及电子媒介（电影、录像、广播和电视等）两大类别。而媒介接触行为一般指接触的类别、时间和频次。由于本调查无法精确测量被访问者的媒介接触时间长度和频次，所以设计为定序选择来测量类别和频繁程度。具体的测量，是询问被访者上一周以来，在定序量表的等级"几乎天天、经常、有时侯、很少、没有"五级尺度上对五大类媒介的接触程度。

表 3 - 1　媒介环境样本构成（n = 280）

媒介环境		频数	百分数	有效百分数	累计百分数
媒介接触：电视	几乎天天	158	56.3	56.3	56.3
	经常	56	20.2	20.2	76.4
	有时侯	36	12.8	12.8	89.2
	很少	28	9.9	9.9	99.1
	没有	3	0.9	0.9	100.0
媒介接触：报纸	几乎天天	36	12.8	12.8	12.9
	经常	47	16.9	16.9	29.8
	有时侯	83	29.7	29.8	59.6
	很少	51	18.2	18.2	77.8
	没有	62	22.2	22.2	100.0
缺失值		1	0.2		
媒介接触：广播	几乎天天	26	9.3	9.3	9.3
	经常	30	10.5	10.5	19.9
	有时侯	63	22.6	22.6	42.5
	很少	69	24.5	24.5	66.9
	没有	93	33.1	33.1	100.0
媒介接触：杂志	几乎天天	24	8.4	8.4	8.4
	经常	39	13.7	13.7	22.1
	有时侯	77	27.6	27.6	49.7
	很少	44	15.9	15.9	65.6
	没有	96	34.4	34.4	100.0
媒介接触：互联网	几乎天天	34	12.2	12.2	12.2
	经常	26	9.1	9.1	21.3
	有时侯	36	12.7	12.7	34.0
	很少	37	13.2	13.2	47.1
	没有	148	52.9	52.9	100.0

可以看出，总的来说，在所有媒介中，接触汉语电视节目的频度是最高的，"几乎天天"接触的被试样本占到了56%，接触其余各大汉语媒介的比例在20%左右。可以肯定地说，汉语电视节目已经走进了维吾尔族家庭，并影响着他们的生活包括语言生活。

第二节　电子媒介与社会性特征

电子媒介是以电子音像技术为传播手段的多功能的大众传播媒介，它通过无线电波或电缆导线向广大地区播送广播电视节目，供受众收听收看。

近年来，国家和新疆维吾尔自治区先后组织实施了广播影视"西新工程""村村通工程"、农村中央广播电视节目无线覆盖工程、农村电影放映工程、自治区广播电视节目无线覆盖工程等一系列重点工程建设，极大地推动了新疆广播影视事业建设，广播电视覆盖效果、广播电视节目译制制作能力、广播实验效果和农村电影放映能力明显提高，全疆已基本形成了以中央台和自治区台节目为主体，广播与电视、无线与有线、中短波与调频、卫星与网络等多种技术手段相结合、混合覆盖的广播电视宣传网和传输覆盖网。据统计，截至2008年底，全疆广播人口综合覆盖率93.54%，电视人口综合覆盖率93.48%。[①]

著名学者哈利迪曾指出，语言环境由"场景""方式""交际者"三者组成，而每一个部分的改变都可以产生新的语域。其

---

①　冯瑾：《全国政协新疆调研发展少数民族语言广播影视事业》，载《新疆日报》，2009年11月29日。

中第二部分"方式"包括语言采用的渠道，既包括语言表达时所采用的方法，也包括借助于何种媒介来表达。① 同一种语言借助于不同的媒介来表达时，会有不同的模式变体。

我国的电视、广播媒介是以普通话作为标准语进行传播的，而广播电视的播音员、主持人则是国家标准语的传播者。《普通话水平测试大纲》中把普通话等级划分为三级六等，同时规定播音员、主持人必须达到一级乙等以上。这一制度的实施，在很大程度上保证了有声语言传播规范性的落实。

一、电视媒介接触情况

（一）总体情况

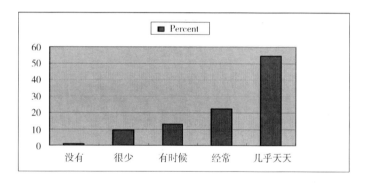

图 3-1 电视媒介接触的总体差异

图 3-1 显示，电视媒介的接触频度还是很高的，"几乎天天"接触的被试样本占了绝大多数，280 个被试者中有 58% 的人"几乎天天"接触电视媒介。"经常"和"有时候"接触的人数也较多。这表明随着电视媒介走入千家万户，汉语电视媒介有可

---

① 迈克尔·葛里高利等：《语言和情景》，北京，语文出版社，1988。

能对被试者第二语言使用的影响也越来越大。

（二）社会性特征

1. 性别

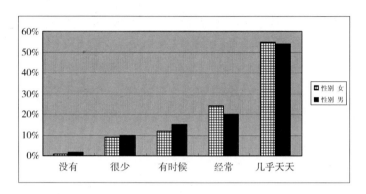

图 3 - 2　电视媒介接触的性别差异

从性别角度看，在"几乎天天"和"经常"两个频度上女性比男性更多地接触电视媒介，在其他接触频度较低的三个维度上，男性的人数则多于女性。分析如下：

首先，当代社会中女性社交活动普遍比男性少，而待在家里的时间要比男性多，这是女性比较喜欢看电视的主要外因。女性偏于家庭生活，她们的娱乐方式也相应少了很多，因而，女性看电视的可能性就比男性高很多。

其次，女性容易与电视主人公发生情感共鸣，从剧中人物的人生经历中得到启示。通过日常生活中无法感受到的这种间接经验，女性得到表达自我的机会。可以说女性在投入感情看电视的时候也投入了时间。

再次，女性的语言理解能力强。首尔大学心理学研究人员的实验表明：男性一天大约说 7000 个单词，女性一天则要说 20000

个单词左右，女性理解台词的能力超过男性，能够感受到更多的
乐趣。① 这也是女性看电视多的原因。女性喜欢看电视这种特征
是社会文化、生理、心理等多种因素共同作用的结果。

2. 年龄

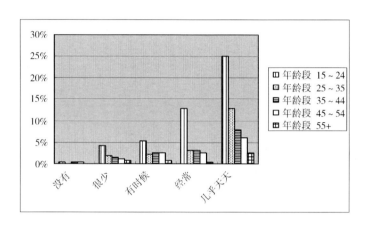

图 3 – 3　电视媒介接触的年龄差异

由于样本结构中青年居多，所以和图表现出一致性，即中青
年是接触汉语电视媒介最多的一个群体，总的趋势是年龄越小，
汉语电视媒介接触越多，年龄越大，则接触越少。

乌鲁木齐市维吾尔族中青年一般都接受过比较正规的汉语教
育，汉语水平相对也较高。当今，每周 5 个工作日，每天工作 8
小时，工作时间缩短，休闲时间延长。专家一般把休闲时间称之
为"个人自由支配时间"，就是个人为社会、为家庭尽义务以及
满足个人的生理需要之外的时间。当社会劳动生产力水平发展到
个人无须整日劳动即可获得足够的生活资料时，就为自己节约下

---

① 调查：女性为何更喜欢电视剧，http：//www.sina.com.cn 2006 年
11 月 25 日，新民晚报。

可自由支配的时间，从而能够根据自身的兴趣爱好和个性发展，自主地来决定从事什么活动。维吾尔族也不例外，调查显示，"看电视"仍是人们每天工作之外的第一大乐趣。学生虽然平时没有时间看电视，但是，每逢休息日，必定要过足"电视瘾"。

3. 职业

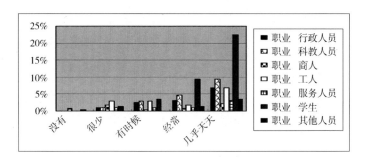

图3－4　电视媒介接触的职业差异

学生作为一种身份，我们把它放在职业类别中考察。图表显示，"几乎天天""经常"接触汉语电视的人群从高到低依次是学生、科教人员、行政人员、工人、服务人员、商人。

我国现行的普通话测试中，主要对象是在校师范生、教师、公务员、电台、电视台播音员和主持人等，这些人由于受过正规的汉语教育，因而汉语水平较高，而这些人相对应的职业一般是科教人员、行政人员等。由此可以看出汉语水平和职业是对应的。可见，汉语水平高是接触汉语电视媒介多的主要原因。

4. 收入

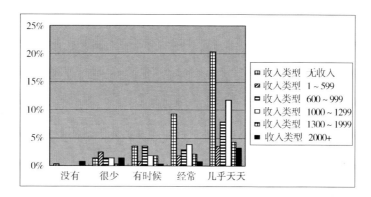

图 3-5 电视媒介接触的收入差异

学生作为一种特殊的群体，是没有经济收入的。从图3-5中可看出，无收入群体汉语电视接触在"几乎天天""经常"上所占比例是最高的，其次为收入居中的，即收入段在600~1300元之间的群体。收入两端的人群接触汉语电视相对是最少的。

我们知道，除了无收入的学生，低收入和高收入一般是服务人员、工人和商人，收入居中的基本上是行政人员和科教人员，鉴于职业和收入的相关性，要判断究竟是职业还是收入影响了汉语媒介的接触程度，目前还有困难。

5. 文化程度

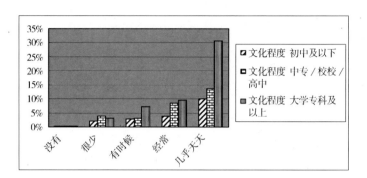

图 3 - 6   电视媒介接触的文化程度差异

文化程度我们设为低、中、高三档。图 3 - 6 显示，学历越高，接触汉语电视媒介越多。

1984 年，新疆维吾尔自治区党委决定，少数民族学校从小学三年级到高中三年级开设汉语课，力争在高中毕业时达到民汉兼通。1987 年，自治区教育工作会议又决定进一步加强民族中小学汉语教学工作，并把这项工作作为发展少数民族教育、提高民族教育质量的一项战略措施提出来。2004 年，自治区党委、人民政府下发了《关于大力推进双语教学的决定》，进一步明确了双语教学的指导思想和总体目标，确定了少数民族中小学逐步过渡到全部课程用汉语言授课，同时加授母语文的双语教学模式。这就意味着以后的趋势是，学历高意味者接受汉语教育时间长，汉语水平高，接触汉语电视媒介自然多，毕竟汉语媒介的信息量要大很多。

二、广播媒介接触情况

（一）总体情况

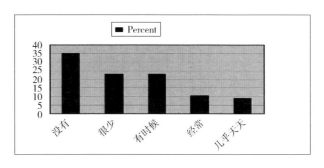

图3－7 广播媒介接触的总体差异

从图3－7可以看出，"很少"和"没有接触"汉语广播的人群占大多数，"有时候"听汉语广播的有一定比例，而"经常"和"几乎天天"听汉语广播的人数则很少。分析原因：一是新疆人民广播电台成立至今已有60年的广播事业历史，发展也越来越完善。从刚开播时的汉语、维吾尔语两种语言两套广播，现已发展成为汉、维吾尔、哈萨克、蒙古、柯尔克孜五种民族语言十套广播，节目覆盖面非常广，能够满足各民族受众的需要。二是由于广播语言主要诉诸人的听觉，人们一般是一边收听，一边做别的事情。汉语作为维吾尔族的第二语言，其水平是有限的。三是母语反映个人或民族成员对民族语言和民族文化认同，维吾尔族对于培育了民族精神、孕育民族情结，发扬民族文化有极强凝聚作用的母语有着深厚的感情。这似乎印证了这样一幕，法国作家都德《最后一课》中说道：母语是民族的标志和象征，一个民族的语言是一个民族的灵魂。

（二）社会性特征

1. 性别

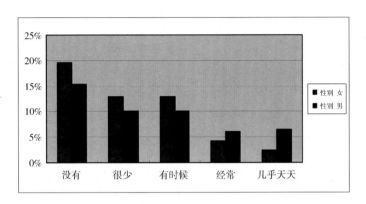

图 3 - 8　广播媒介接触的性别差异

　　从性别角度看，在"几乎天天"和"经常"两个频度上男性比女性更多地接触汉语广播媒介，在其他接触频度较低的三个维度上，女性的人数则多于男性。

　　广播媒介价格不高，接触成本也比较低，再加上良好的伴听性，使得这一媒介有广泛的听众。从我们的访谈中发现，男性和女性喜欢听广播的占多数，动因主要是为了休闲、娱乐，其次才是了解新闻信息，而母语广播满足了维吾尔族大众的需要。一般情况下，男性比女性更多地关注时事，而汉语广播的信息量要高于民语。因而调查结果显示出男性收听汉语广播节目频次比女性高的特点。

2. 年龄

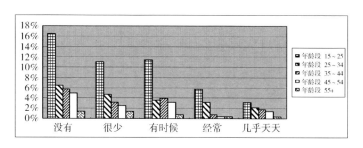

图 3 - 9　广播媒介接触的年龄差异

图 3 - 9 显示，各个年龄段接触汉语广播的比例都不高。在访谈中，我们也了解到，爱母语、听母语广播已成为维吾尔族生活的一种习惯。这次调查中，中青年是接触汉语广播媒介最多的一个群体。总的趋势是年龄越小，汉语广播媒介接触最多，年龄越大，则接触越少。

中青年接触汉语广播媒介的频次相对来说最高，尤其是青年。在我们所调查的 15 ~ 24 岁这个年龄段，学生身份的较多，他们喜欢听广播的原因是：一是由于学生宿舍没有电视；二是由于学习压力等原因，使他们没有整块时间享受电视媒介，而广播媒介能适应不同收听时间的受众的需要；三是乌鲁木齐市的学生汉语水平相对较高，多数学生都是"双语人"（指能用维、汉两种语言进行交际的人）。

3．职业

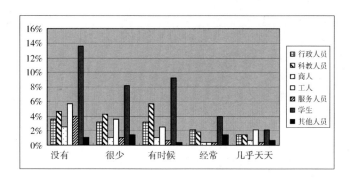

图 3 - 10   广播媒介接触的职业差异

从图 3 - 10 中可以看出，"有时候""经常"接触汉语广播的
人群是学生、科教人员和行政人员，"几乎天天"听汉语广播的所
占比例很少，"没有"和"很少"听汉语广播的人群在各种职业中
都比较常见。从这个调查结果，我们可以看出，作为社会因素的性
别、年龄、职业、文化程度、经济之间有很大的相关性，这启发我
们从单一角度来分析社会语言使用现象是有其局限性的。

4．收入

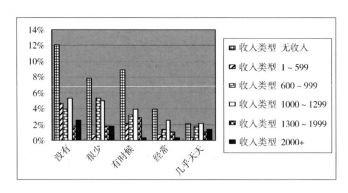

图 3 - 11   广播媒介接触的收入差异

从图 3-11 中可看出，无收入群体在汉语广播接触"有时候"上所占比例是最高的，除收入最高的，其余的群体都差不多，"很少"听汉语广播的主要集中在无收入和 600~1300 元两个收入段上。总的来说，听汉语广播的人群在各个收入段上所占比例都不高，这和上面的调查结果相同。这既验证了我们的假设，又体现了方法的科学性。

5. 文化程度

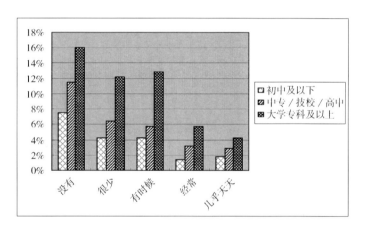

图 3-12 广播媒介接触的文化程度差异

从图 3-12 中我们可以看出，学历越高，听汉语广播的越多。相反，则越低。总的来说，维吾尔族各群体接触汉语广播媒介的频次不高，收听汉语广播主要集中在学生这一特殊群体上。笔者倾向认为，汉语水平高低是影响接触汉语广播媒介的主要原因。

综上所述，维吾尔族群体接触汉语电视媒介的比例要高于收听汉语广播的。即使如此，在性别、年龄、职业、文化程度和经济等社会特征上，接触汉语电子媒介的结果也是具有一致性的，这就为我们进行下一步的实证分析提供了可能。

第三节 印刷媒介与社会性特征

印刷媒介是指主要利用纸质印刷品进行传播的媒介，主要包括报纸、杂志、书籍、邮递广告等。在这里，我们主要选取了大众媒介——报刊。

"报刊"指报纸和期刊。我国报业先驱戈公振先生为报纸下的定义是"报纸者，报告新闻，揭载评论，定期为公众刊行者"，认为"报纸之原质，质言之，即新闻公布之谓也"。[①] 由于信息技术的发展，今天网络媒体的崛起，为了和上网的报纸相区别，我们一般认为的报纸应是以纸质为媒介，受众为大众，报告社会或行业最新消息，刊载评论的公开的连续发行物。

我国权威工具书《辞海》第六版对期刊做了如下界定："期刊，又称杂志。根据一定的编辑方针，将众多作者的作品汇集装订成册的连续出版物。每期版本大致相同，有固定名称，用卷、期或年、月顺序编号出版。"国家新闻出版署 1988 年 11 月发布了《期刊管理暂行规定》，把期刊定位为"有固定名称，用卷、期或年、月顺序编号的成册的连续出版物"。二者的区别是，新闻出版署的界定比《辞海》的界定更宽泛一些，只要有固定名称、按顺序编号的连续出版物就是期刊。

我们所讨论的报刊是以纸质为媒介，以大众为传播对象，有固定名称，具有一定的时效性的公开发行的连续出版物，即报纸

---

① 戈公振：《中国报学史》，上海，上海古籍出版社，2003。

和杂志。

1992年新闻出版署发布了《出版物汉字使用管理规定》，其中第五条规定：报纸、期刊、图书、音像制品等出版物的报头（名）、刊名、封皮（包括封面、封底、书脊等）、包装装饰物、广告宣传品等用字，必须使用规范汉字，禁止使用不规范汉字。出版物的内文（包括正文、内容提要、目录以及版权记录项目等辅文），必须使用规范汉字，禁止使用不规范汉字。2000年公布的《中华人民共和国国家通用语言文字法》第二条规定：本法所称的国家通用语言文字是普通话和规范汉字。第十一条规定：汉语文出版物应当符合国家通用语言文字的规范和标准。由此可见，我国用立法的形式推行普通话和规范汉字，报刊的文字媒介特质、社会"喉舌"效应、文化教育功能等，使报刊在规范语言文字应用上担当了主角。

著名语言学家吕叔湘、朱德熙先生的《语法修辞讲话》就首先发表于1951年的《人民日报》，它在规范现代汉语和提高全民语言水平方面的作用在半个多世纪后还为人们所经常称道。以后报刊在这方面一直起着重要作用，1995年的"中国语文报刊协会会员代表大会"提出的关于正确使用祖国语言文字的倡议书也影响不小。报刊是现代健康、文明规范汉语的实践园地，报刊语言是语言规范的引领者。作为第二语言的使用者维吾尔族来说，接触汉语报刊的多少是否会对其汉语水平有促进作用，这是我们要考察的。

一、报纸

（一）总体情况

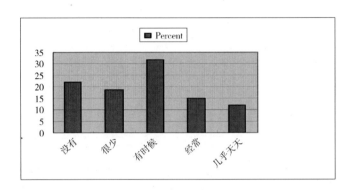

图 3 – 13　报纸媒介接触的总体差异

从图 3 – 13 中可以看出，"有时候"看汉文杂志的比例是最大的，"没有"和"很少"看汉文报纸的比例差不多，而"经常"和"几乎天天"看汉文报纸的人数则更少。由于阅读汉文报纸要受到维吾尔族受众汉语水平和理解能力的限制，所以，笔者倾向认为这是维吾尔族接触汉文报纸少的主要原因。

（二）社会性特征

1. 性别

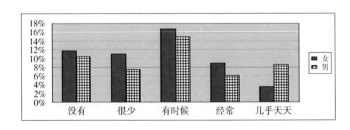

图 3 – 14　报纸媒介接触的性别差异

从性别角度看，在"几乎天天"频度上男性比女性更多地接触汉文报纸，高出5个百分点，在"有时候"和"经常"两个接触频度上，女性明显高出男性，而在较低的两个维度上，女性的人数则多于男性。总的来说，男性读报率明显高于女性，这和报纸及男性的特点有关。报纸的可读性强，更新快，内容丰富，只要是涉及社会的事，新闻报纸几乎都会有，由于男性关注新闻，所以阅读汉文报纸比例高于女性也是必然。

2. 年龄

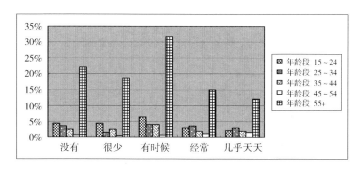

图 3 - 15 报纸媒介接触的年龄差异

图 3 - 15 显示，25～34 岁年龄段是阅读汉文报纸相对来说较大的一个群体。这个群体基本完成了学校的"双语"教育，汉语使用也已达到了一定的水平。新华网乌鲁木齐 2010 年 1 月 11 日电（记者 何军），近年来新疆"双语"（维吾尔语和汉语）教育进展顺利，目前已建成"双语"学校近 6000 所。作为新疆的首府城市，乌鲁木齐"双语"教学近年来不断扩大，目前小学"双语"教学覆盖率已达 90%，初中已达 770%。从这个意义上说，新疆的"双语"教学是成功的。

3. 职业

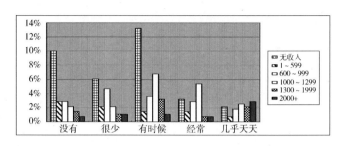

图 3 – 16　报纸媒介接触的职业差异

从图 3 – 16 中可以看出，"几乎天天""有时候""经常"接触汉文报纸的人群是学生、科教人员和行政人员。一般来说，学生、科教人员和行政人员这三个群体是在学校接受正规汉语教育时间最长的，汉语水平相对也是最高的，他们应该说是新疆"双语"教育的受益者。

4. 收入

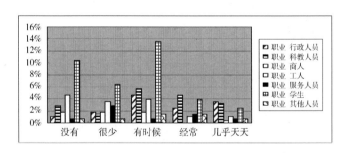

图 3 – 17　报纸媒介接触的收入差异

从图 3 – 17 中可看出，无收入群体阅读汉文报纸在"有时候"上所占比例是最高的，这个群体主要是学生，这和上面的调查结果相同。"经常"和"有时候"读汉文报纸主要集中在 600～999 元、

1000～1299 元两个收入段上，而这两个收入段上的职业主要又是科教人员和行政人员，由此可以和上面的结果互相解释。"几乎天天"看汉文报纸有随收入增多而增多的趋势，这一点很值得研究。

5. 文化程度

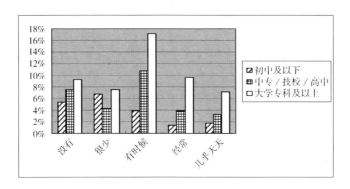

图 3－18　报纸媒介接触的文化程度差异

从图 3－18 中我们可以看出，学历越高，看汉文报纸的越多。相反，则越低。这和我们的假设是一致的。

二、杂志

（一）总体情况

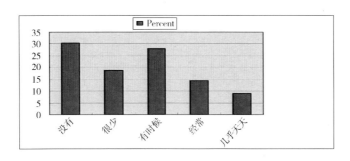

图 3－19　杂志媒介接触的总体差异

从图 3-19 中可以看出，"有时候"看汉文杂志的比例是较大的，"没有"和"很少"看汉文报纸的比例占到了近一半，而"经常"和"几乎天天"看汉文杂志的人数平均只有 23% 左右。这几点是同质的，可以互相解释。杂志和报纸不同，时效性不强但却深入细致、针对性强，可以慢慢阅读，因而满足了不同受众的阅读心理需求，"有时候"看汉文杂志的比例最高也正是这种状况的集中体现。

（二）社会性特征

1. 性别

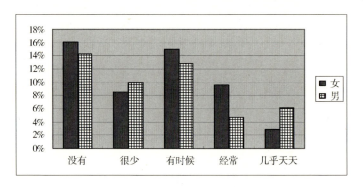

图 3-20　杂志媒介接触的总体情况差异

从性别角度看，在"几乎天天"频度上男性比女性更多地接触汉文杂志，高出 3 个百分点，在"有时候"和"经常"两个接触频度上，女性明显高出男性，在"没有"和"很少"阅读汉文杂志上，女性和男性差不多。总的来说，女性比男性更多地接触汉文杂志。这可能和杂志的特点以及女性的阅读心理也有关。杂志不管是从印刷质量上还是内容上，或者是用的纸张上，好像更加精美适宜，有视觉冲击力。如时尚杂志还可以让人模仿等，这都符合女性追新追奇的特点。

2. 年龄

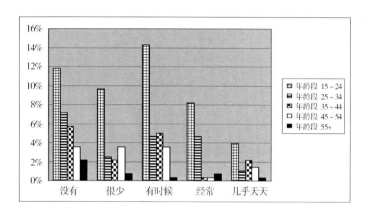

图 3 - 21　杂志媒介接触的年龄差异

和阅读报纸的调查结果不尽相同，图 3 - 21 显示，青年是阅读汉文杂志相对来说较大的一个群体。总的情况是年龄越小，阅读汉文杂志越多，年龄越大阅读越少。

据中新社乌鲁木齐 2009 年 12 月 3 日电，新疆教育厅透露，财政部近日正式批复了《自治区少数民族学前"双语"教育发展保障规划》，计划到 2012 年，国家和新疆将投入近 51 亿元人民币，用于新疆 7 地州 9 县市学前"双语"教育发展。此外，针对"双语"教育，新疆还启动了大规模的"双语"骨干教师赴内地培训计划，根据计划，在未来 4 年间，将由北京、天津、上海、江苏 4 省（市）为新疆培训中学"双语"骨干教师 2000 人，上述 4 省市每两年选派 50 名优秀中学教师到和田、喀什等地区任教。随着国家对新疆"双语"教育的支持，未来将有越来越多的中青年从中受益，阅读汉文杂志的年龄段会扩大，这对新疆少数民族经济发展也将产生积极作用。

3. 职业

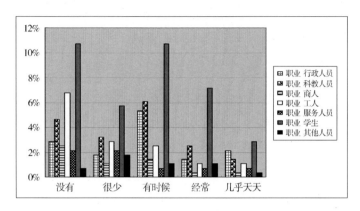

图 3 - 22　杂志媒介接触的职业差异

从图 3 - 22 中可以看出，"有时候""经常"接触汉文杂志的人群是学生、科教人员、行政人员和工人，"几乎天天"阅读汉文杂志的所占比例很少。这和阅读报纸的调查结果一致，这又可以互为印证。

4. 收入

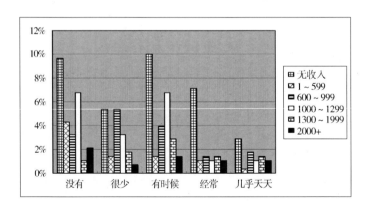

图 3 - 23　杂志媒介接触的收入差异

从图 3 - 23 中可看出，无收入群体（学生）阅读汉文杂志在
"有时候"上所占比例是最高的，"经常"和"有时候"读汉文
杂志主要集中在 600 ~ 999 元、1000 ~ 1299 元、1300 ~ 1999 元三
个收入段上。而"几乎天天"看汉文杂志的人数很少。看汉文报
纸和杂志在这一点上比例是相同的，主要是时间问题，这三个收
入段上的人群无论是工作还是在校学习，每天都有固定的任务，
因而阅读汉文杂志的时间是有限的。这三个收入段也是文化程度
相对最高的，汉语水平相对也高，所以阅读汉文杂志主要就集中
在这三个群体。

5. 文化程度

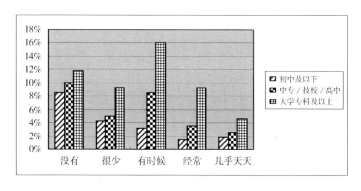

图 3 - 24　杂志媒介接触的文化程度差异

从图 3 - 24 中我们可以看出，学历越高，看汉文杂志的越
多。相反，则越低。学历高，意味着在学校所接受的正规教育时
间长，汉语水平相对也就高，阅读汉文杂志的能力也就强。因
此，接触汉文杂志的频度随教育程度的增高而增多。其实，城市
在发展、在进步，新疆维吾尔族也在跟着发展、进步，而阅读汉
文杂志这种方式既能获取知识，又与这个世界保持知识联系。

第四节　互联网与社会性特征

全国科学技术名词审定委员会于 1997 年 7 月将 Internet 确定中文译名为"因特网";一般译为"国际互联网络",简称为"国际互联网""互联网络"或"互联网";海外中文又译为"网际网路"。因其诞生在报刊、广播、电视这三种大众传播媒体之后,又被形象地称作"第四媒体"。联合国新闻委员会在 1998 年 5 月的年会上正式提出"第四媒体"这一概念:是继报刊、广播和电视出现后的互联网和正在兴建的"信息高速公路",也是"地球村的主要交通工具"(联合国教科文组织的表述)。

通常的界定:所谓"互联网媒体",就是借助国际互联网这个信息传播平台,以电脑、电视机以及移动电话等为终端,以文字、声音、图像等形式来传播新闻信息的一种数字化、多媒体的传播媒介。本章所讨论的是维吾尔族接触汉语大众媒介的情况。笔者讲的媒介针对的是大众传播媒介,主要包括面向大众的电视、广播、报纸、杂志和互联网这五大媒介。

《第 25 次中国互联网络发展状况统计报告》显示,2009 年 12 月,中国网民数量达到 3.84 亿人,网民规模已跃居世界第一位,中国网络正趋于上升化。新疆网民有 634 万人,普及率达 27.5%,新疆互联网普及率虽然低于全国平均水平,但高于全球平均水平。

中国互联网协会表示,截至 2007 年底的调查显示,新疆每 100 人中拥有 22.4 台电脑,全区民众上网率达 19.9%,名列全国各省市区第九位,居西部 12 个省市区第一位。协会副秘书长李培军说，通过对被访用户计算机使用地点的分析，在家、单位使用计算机的用户分别占了 55.8%、34.69%，而上网吧使用计算机的占 9.48%。新疆家庭计算机拥有率达 16.59%，其中乌鲁木齐市家庭计算机拥有率达 35.89%。新疆网民的规模将继续呈现持续快速发展的趋势（2008 年 3 月 11 日《新疆日报》）。具体情况整理如下：

一、总体情况

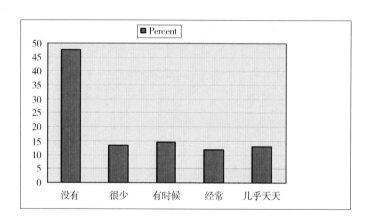

图 3 - 25　互联网媒介接触的总体差异

从图 3 - 25 中可以看出，使用互联网的人数相对来说是比较少的。在所有被试样本中，有近一半的人是从不接触互联网的，其余的选项所占比例差不多，平均在 15% 左右。这和新疆互联网协会报道的新疆民众上网率 19.9% 基本一致。

二、社会性特征

（一）性别

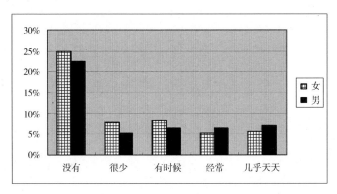

图 3 - 26　互联网媒介接触的性别差异

我们从图 3 - 26 中看到，在"经常"和"几乎天天"频度上，男性比女性接触互联网要多，在"有时候"这个频度上，女性倒比男性接触互联网更多，在"很少"和"没有"接触互联网频度上则呈现出女性比男性多的状态。总的来说，维吾尔族接触互联网在性别上正逐渐走向均衡，应该说这一特点受整体居民性别比例影响。

（二）年龄

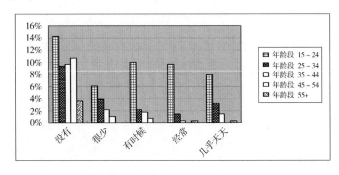

图 3 - 27　互联网媒介接触的年龄差异

图 3 - 27 显示，青年是接触互联网最活跃的一个群体，总的趋势是随着年龄的增大，接触互联网的情况越少。年轻人喜欢上网，究其原因，一是可以接触很多信息，二是满足了娱乐的需求。电脑游戏不仅娱乐性强而且消费水平低，因此玩电脑游戏这种低消费娱乐项目非常适合年轻人。中国互联网发展现状报告也称，中国网民的主体仍旧是 30 岁及以下的年轻群体，这一网民群体占到中国网民的 68.6%，超过网民总数的 2/3。乌鲁木齐市维吾尔族接触互联网的情况亦如此。

（三）职业

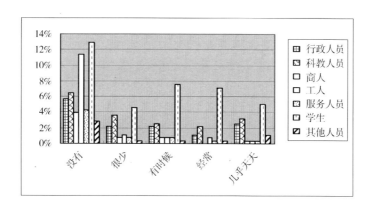

图 3 - 28 互联网媒介接触的职业差异

从图 3 - 28 中可以看出，接触互联网的人群身份主要是学生、科教人员和行政人员。中国互联网发展现状报告显示，学生所占比例最大，占到 30%，居于第二位的企事业单位工作人员，比例占到 25.5%。我们的调查也支持了这个数据。对这个问题直接采访的结果是：一是为了娱乐，二是获取信息。

（四）收入

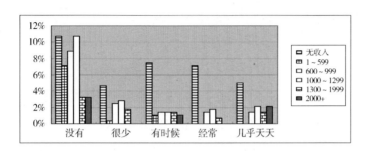

图 3 – 29　互联网媒介接触的收入差异

从图 3 – 29 中可看出，接触互联网的人群主要是无收入的，也即学生。除最低收入接触互联网有限外，其余收入段的人群接触频度相差不大。这从另一方面印证了接触互联网的人群以 30 岁以下年轻人为主的特点。

（五）文化程度

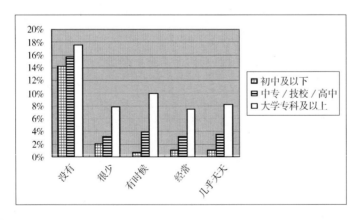

图 3 – 30　互联网媒介接触的文化程度差异

从图 3 - 30 中我们可以看出，学历越高，接触互联网越多。相反，则越低。随着网民规模的逐渐扩大，网民的学历结构将逐渐向中国总人口的学历结构靠拢，这应该是互联网大众化的表现。

央视市场研究股份有限公司（CTR）的大型数据库 CNRS 显示，现在平均每天有 98.3% 的中国城市居民接触报纸、杂志、电视、广播和网络等各类媒介，说明几乎每个人的生活都与媒介相联系。由于互联网许多网页不仅提供文字与图形，而且提供声音与影像，集中体现了传统传播媒介与计算机的融合。在这种大众与媒介高度依存的背景下，报纸、杂志、广播等传统媒介的受众有可能会出现向互联网流失的趋势。

21 世纪的今天，以计算机技术和信息技术为代表的信息革命，已将人类带入了一个全新的信息时代。报纸、书籍、杂志、广播、电视、电影、音像制品等众多的传播媒介充斥着听觉、视觉系统。被人们称为"第四媒体"的互联网也大踏步地走进了人们的日常生活。胡锦涛总书记在 2008 年 6 月 20 日考察人民日报社时阐述了新媒体的重要性。他指出："互联网已成为思想文化信息的集散地和社会舆论的放大器，我们要充分认识以互联网为代表的新兴媒体的社会影响力，高度重视互联网的建设、运用、管理，努力使互联网成为传播社会主义先进文化的前沿阵地、提供公共文化服务的有效平台、促进人们精神生活健康发展的广阔空间。"李长春在 2009 年 6 月 26 日《光明日报》创刊 60 周年时进一步论述了新媒体的重要性。他说："当今世界，以数字技术和网络技术为代表的现代信息科技迅猛发展，社会生活日新月异，社会舆论越来越多层次化，媒体分众化、对象化的趋势更加明显，加强传播能力建设、不断提高新形势下舆论引导水平是新闻宣传工作面临的一项紧迫任务。"①

　　总之，受众无时无刻不在这个由媒介编织的大网中，可以通过各种各样的传播媒介获得信息。越来越多的维吾尔族居民也认识到互联网的便捷作用，随着上网设备成本的下降和居民收入水平的提高，互联网正逐步走进维吾尔族家庭，信息时代的媒体正深入人们的心田。

---

　　①　见新华网，网址 http：//www.xinhuanet.com。

第四章　媒介接触与语言能力

"今天，由于大众媒介到处都有，人们除了工作和睡觉外，用于大众媒介的时间超过其他任何活动。"[①] 美国著名传播学者施拉姆的论述，言简意赅地揭示出大众传媒在现代社会中的重要地位。麦克卢汉 20 世纪 60 年代所说 "媒介即讯息（Media is message）"[②] 的真理性被越来越多的经验事实所证实。

媒介对社会生活的影响既表现在其传播的信息方面，同时也表现在它所使用的语言和符号上面，甚至后者超过了前者对社会生活的影响。媒介的语言影响力，指的是媒介对社会语言生活发挥作用的大小。尽管对社会语言生活发生影响的力量来自诸多方面，但总体来看，媒介语言对社会语言生活发挥着主导作用，带领着语言向前发展。《国家通用语言文字法》《出版物汉字使用管理规定》《中华人民共和国广播电视管理条例》等法律法规还对新闻媒体和新闻从业人员规范使用语言做了相关规定。在近年来兴起的媒介公信力理论再次证明了媒介语言的重要性，新华出版社 2010 年 1 月版的《媒介公信论》（江作苏等著）是代表作之一。可见，语言规范不

---

① ［美］威尔伯·施拉姆、威廉·波特著，陈亮等译：《传播学概论》，17 页，北京，新华出版社，1984。

② 马歇尔·麦克卢汉著，何道宽译：《理解媒介》，1 页，北京，商务印书馆，2001。

仅体现在成文的规范中，而且也体现在具体的语言运用中，尤其是媒介和传播语言。媒介在传播语言的同时，也在传播语言规范。媒介对语言规范的传播，不仅表现在刊载成文的语言规范和宣传语言规范的文章上，而且更重要的，媒介语言本身就是在传播语言的各种规范。广播、电视播音员的读音是汉语语音规范的体现，媒介的用词用语用字、篇章结构，是汉语词汇、语法、文字和语用规范的体现。"以汉语传送的各级广播电台、电视台和汉语电影、电视剧、话剧必须使用规范用语普通话。"①

当然，不同类型的媒介对语言的影响的方面是不同的。报刊主要影响书面语，广播、电视主要影响口语或书面语的口语表现形式。由于互联网出现的时间还不长，语言使用还不具有权威性，对社会主流语言的影响还比较小，当前主要是在语言的新鲜用法和网络的特殊语言现象上。不同的媒介或媒介栏目，对不同受众群体的语言影响力也有差别。例如，现代青年人这一受众群体，受青年报刊、娱乐栏目的主持人、网络文学、网上 BBS 的语言影响最大。不同媒介的语言影响力也有大有小。一般来说，权威媒介和社会亲和力强的媒介，对语言的影响力会更大一些。

从具体讲，作为新疆主体民族之一的维吾尔族，他们在学习使用汉语时，不可避免地会处于各种大众传播媒介的包围影响之中，自觉或不自觉地接受媒介的指导和灌输，主动或被动地从媒介那里学习汉语的使用。应当注意的是，媒介的语言影响力与接触媒介的次数也有相当密切的关系。信息主要凭借语言才得以传递，语言运用得好坏，语言运用得规范与否，直接关系到媒介接触的次数，折射出媒介语言的影响力。从现有资料看，还没有从

---

① 国家语言文字工作委员会普通话培训测试中心：《普通话水平测试实施纲要》，1 页，商务印书馆，2004。

媒介接触角度对维吾尔族使用汉语的状况进行研究。事实上，由于接触汉语媒介种类和程度的不同，使得维吾尔族人的不同群体中在使用汉语方面存在着差异。本研究正是基于这种假设，试图探讨媒介接触对维吾尔族使用汉语影响，以便为进一步深入探讨大众传媒在第二语言学习过程中的作用和影响打下基础。

媒介接触行为一般指接触的类别、时间和频次。由于本调查无法精确测量被访问者的媒介接触时间长度和频次，所以设计为定序选择来测量类别和频繁程度。具体的测量，是询问被访者上一周以来，在定序量表的等级"几乎天天、经常、有时侯、很少、没有"五级尺度上对五大类媒介的接触程度。如表3－1：在所有媒介中，接触汉语电视是最多的，"几乎天天"和"经常"的占76%；接触互联网是最少的，"几乎天天"和"经常"的只占21%；其余各大媒介接触比例差不多。

第一节　语音的影响

"对于一个普通公民来说，他要使自己的语言向普通话这方面接近，很重要的是要通过大众传媒。我们的广播，我们的电视，我们的电影，一方面给人民以娱乐，以教育，以启迪，以陶冶，还有一个很重要的方面，告诉他们什么是我们国家的通用的、标准的语言，这是非常重要的。……所以，广播电视的播音员、主持人在推广普通话当中肩负着非常重要的责任。"①

事实也是如此，长期以来，人们一直把广播电视当中的有声

---

① 张颂等：《语言和谐艺术论——广播电视语言传播的品位与导向》，79页，北京，中国传媒大学出版社，2009。

语言作为全民族共同语的标准和标识，尤其是把播音员和节目主持人的有声语言看作是标准语形式的代表，是整个国家语言运用的标杆。语音是一个人的语言面貌，对于学习第二语言——汉语的维吾尔族来说，接触大众媒体的程度如何影响汉语使用的语音状况，这是我们首先要考察的。

一、电子媒介对语音的影响

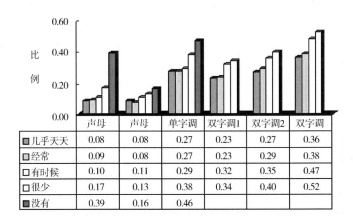

	声母	声母	单字调	双字调1	双字调2	双字调
■几乎天天	0.08	0.08	0.27	0.23	0.27	0.36
□经常	0.09	0.08	0.27	0.23	0.29	0.38
□有时候	0.10	0.11	0.29	0.32	0.35	0.47
□很少	0.17	0.13	0.38	0.34	0.40	0.52
■没有	0.39	0.16	0.46			

图 4-1　语音使用的电视媒介差异

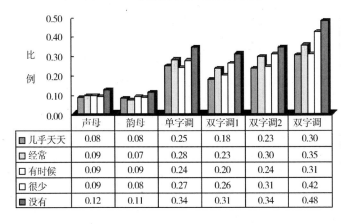

	声母	韵母	单字调	双字调1	双字调2	双字调
■几乎天天	0.08	0.08	0.25	0.18	0.23	0.30
□经常	0.09	0.07	0.28	0.23	0.30	0.35
□有时候	0.09	0.09	0.24	0.20	0.24	0.31
□很少	0.09	0.08	0.27	0.26	0.31	0.42
■没有	0.12	0.11	0.34	0.31	0.34	0.48

图 4-2　语音使用的广播媒介差异

表4－1　语音使用的电子媒介差异

媒介接触	F	Sig
声母 * 电视	11.81	0.000
韵母 * 电视	5.04	0.001
单字调 * 电视	1.26	0.285
双字调1 * 电视	2.29	0.079
双字调2 * 电视	1.96	0.121
双字调 * 电视	1.90	0.130
声母 * 广播	1.82	0.126
韵母 * 广播	2.98	0.020
单字调 * 广播	2.14	0.077
双字调1 * 广播	2.47	0.046
双字调2 * 广播	1.60	0.175
双字调 * 广播	2.72	0.030

　　电视作为现代化的传播媒介，其中电视的声音就包括语言。统计表明，声母、韵母变异的使用率和收看汉语电视节目频率之间存在着明显差异（sig＜0.05）[1]，呈现出接触汉语电视节目越多语音差异越少的趋势，也就是说语音越标准。而声调统计显示没有显著性差异，即接触汉语电视节目多少对声调发音没有影响。结论是接触汉语电视节目越多，语音差异会越少，语音越标准，各分类统计结果完全一致。

　　广播也是新闻媒介之一，是以有声语言作为主要的传播手段的。广播语言介于书面语言和口头语言之间。既要严格按照语法

———————

　　① sig值（显著性）是统计学方差检验值，sig＜0.05证明研究的差异经过检验，具有统计学上的意义。

规范来结构句子，又要适合口头表达，即"规范的口语"。汉语广播对维吾尔族汉语使用也是有影响的。统计表明，收听汉语广播频次的不同和声母、双字调差异的多少之间存在着显著的关联性，呈现出收听广播越多，声母和双字调变异越少的趋势，也即越标准的趋势。而韵母、单字调在统计上却没有显著性差异，即收听汉语节目多少对韵母及单字调的发音没有影响。但从统计图上可以看出，收听汉语广播节目多少两端的人，语音差异的程度也正好相反，收听越多，语音越标准，反之亦然。

由此可见，电视、广播的有声语言传播，对使用汉语的维吾尔族群体在语音规范化和标准化方面确实起到了积极的促进作用。

二、印刷媒介对语音的影响

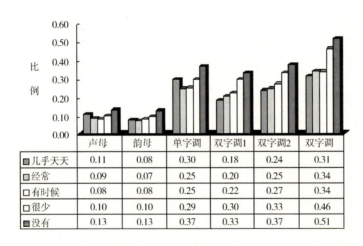

	声母	韵母	单字调	双字调1	双字调2	双字调
■ 几乎天天	0.11	0.08	0.30	0.18	0.24	0.31
□ 经常	0.09	0.07	0.25	0.20	0.25	0.34
□ 有时候	0.08	0.08	0.25	0.22	0.27	0.34
□ 很少	0.10	0.10	0.29	0.30	0.33	0.46
■ 没有	0.13	0.13	0.37	0.33	0.37	0.51

图 4-3　语音使用的报纸媒介差异

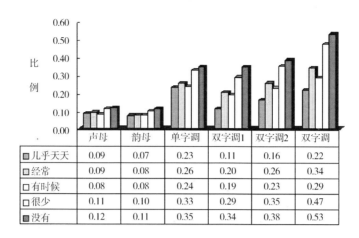

	声母	韵母	单字调	双字调1	双字调2	双字调
■ 几乎天天	0.09	0.07	0.23	0.11	0.16	0.22
□ 经常	0.09	0.08	0.26	0.20	0.26	0.34
□ 有时候	0.08	0.08	0.24	0.19	0.23	0.29
□ 很少	0.11	0.10	0.33	0.29	0.35	0.47
■ 没有	0.12	0.11	0.35	0.34	0.38	0.53

图 4 - 4　语音使用的杂志媒介差异

表 4 - 2　语音使用的印刷媒介差异

媒介接触	F	Sig
声母 ＊ 报纸	2.83	0.025
韵母 ＊ 报纸	6.37	0.000
单字调 ＊ 报纸	2.30	0.060
双字调 1 ＊ 报纸	3.19	0.014
双字调 2 ＊ 报纸	2.26	0.064
双字调 ＊ 报纸	3.20	0.014
声母 ＊ 杂志	2.16	0.074
韵母 ＊ 杂志	4.11	0.003
单字调 ＊ 杂志	2.88	0.023
双字调 1 ＊ 杂志	6.71	0.000
双字调 2 ＊ 杂志	5.60	0.000
双字调 ＊ 杂志	7.50	0.000

汉文报纸和杂志等印刷媒介文主要靠文字符号传递信息，这就要求读者有一定的汉语文水平，尤其是第二语言学习者。统计表明，看汉文报纸频次的不同和声母、韵母、双字调变异的多少之间存在显著差异，基本上是看汉文报纸越多，声母、韵母和双字调变异越少，也即发音越标准。而单字调在统计上却没有显著性差异（sig＝0.060＞0.05），即看汉文报纸多少对单字调的发音没有影响。看汉文杂志则对韵母和声调发音有影响，对声母发音没有影响。阅读汉文报纸、杂志越多，语音变异越少，语音越标准，尤其是阅读报纸、杂志频次处于高低两端的人，语音变异表现得最为明显。总的来说，接触汉文报纸和杂志对维吾尔族汉语使用的语音面貌有积极影响。这个结论仍需进一步探讨。

三、互联网对语音的影响

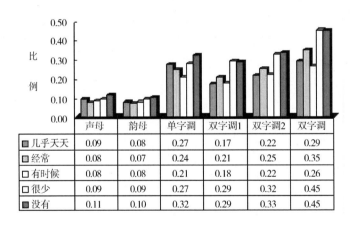

	声母	韵母	单字调	双字调1	双字调2	双字调
■ 几乎天天	0.09	0.08	0.27	0.17	0.22	0.29
□ 经常	0.08	0.07	0.24	0.21	0.25	0.35
□ 有时候	0.08	0.08	0.21	0.18	0.22	0.26
□ 很少	0.09	0.09	0.27	0.29	0.32	0.45
■ 没有	0.11	0.10	0.32	0.29	0.33	0.45

图 4 - 5　语音使用的互联网媒介差异

表 4 - 3　语音使用的互联网媒介差异

媒介接触	F	Sig
声母 ＊ 互联网	1. 34	0. 256
韵母 ＊ 互联网	2. 22	0. 067
单字调 ＊ 互联网	1. 90	0. 111
双字调 1 ＊ 互联网	2. 67	0. 033
双字调 2 ＊ 互联网	2. 37	0. 053
双字调 ＊ 互联网	2. 98	0. 020

互联网作为一种新型的电子媒介走进了人们的生活。但从调查来看，维吾尔族接触互联网的比例还非常低，有经济等多方面原因，互联网的使用肯定会影响到汉语语音的变异程度，至于程度和细节却是我们要探索的。统计表明，互联网的接触频次和声母、韵母及单字调使用之间没有显著的关联性（sig > 0. 05），但对双字调使用的影响却显示出明显差异（sig < 0. 05）。尽管如此，没有接触互联网的，语音不标准率还是最高的，是互联网影响的还是文化程度等多因素的共同影响，又成了一个有趣和未知的课题，需进一步论证。

第二节　词汇的影响

词汇是语言学习的必要因素之一。词汇和语音、语法一起构成了语言学的三大基本要素。语言学习的目的是把知识、技巧和能力运用到与人交流中。词汇是语音、意义和语法的直接体现。在实际应用中，人们首先接触的是词汇，因为思想和概念必须通过词汇来表达。英国著名语言学家 D. A Wilkins 说过："没有语法不能很好地表达，没有词汇则什么也不能表达。"词汇维系着语言的语音、语法、语篇，是语言的建筑基石，是一切语言技能形成的基础。

由于词汇是一个开放的系统，这就增加了考察的难度。鉴于维吾尔族使用汉语时在词汇上一个突出的特点就是使用汉语方言词，所以我们在探讨大众媒介对词汇的影响时，主要调查的也是这点。假设是接触汉语媒介越多，词语使用越规范，即使用汉语方言词越少。同时，为了进一步验证大众媒介接触对词汇使用的影响，我们还考察了大众媒介对维吾尔族知晓媒介流行语的状况。

一、对汉语方言词的影响

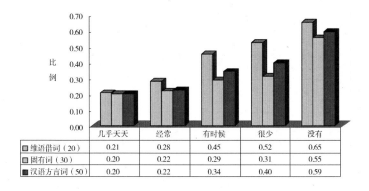

比例	几乎天天	经常	有时候	很少	没有
维语借词（20）	0.21	0.28	0.45	0.52	0.65
固有词（30）	0.20	0.22	0.29	0.31	0.55
汉语方言词（50）	0.20	0.22	0.34	0.40	0.59

图4-6　汉语方言词使用的电视媒介差异

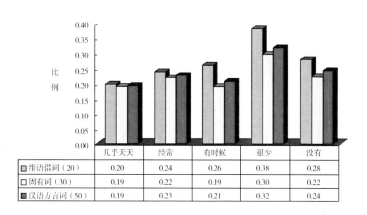

图 4 - 7　汉语方言词使用的广播媒介差异

	几乎天天	经常	有时候	很少	没有
■ 维语借词（20）	0.20	0.24	0.26	0.38	0.28
□ 固有词（30）	0.19	0.22	0.19	0.30	0.22
■ 汉语方言词（50）	0.19	0.23	0.21	0.32	0.24

表 4 - 4　汉语方言词使用的电子媒介差异

媒介接触	F	Sig
维语借词（20）＊电视	14.2	0.000
固有词（30）＊电视	6.45	0.000
汉语方言词（50）＊电视	12.63	0.000
维语借词（20）＊广播	2.93	0.021
固有词（30）＊广播	3.72	0.006
汉语方言词（50）＊广播	3.62	0.007

　　统计表明，收看汉语电视节目程度不同，对维吾尔族汉语方言词汇使用的情况也不同，显示出二者之间存在着显著的关联性（sig＜0.05）。说明接触汉语电视节目越多，使用汉语方言词越少，也就是说使用普通话词语越多，分类统计结果也相同。从统计结果看，汉语方言词中维语借词的使用率要高于汉语方言固有词，说明母语文化传播在第二语言中的渗透力是很强的。

收听汉语广播对维吾尔族使用汉语方言词汇也是有影响的。统计表明，每天或经常接触广播、有时候接触广播、很少或没有接触广播，在使用汉语方言词上都是有差异的（sig < 0.05），尽管在经常接触和有时候接触，很少接触和没有接触广播在使用方言词频率上出现了相反的情况，在维语借词和固有词的使用上也有类似的情形（这有可能是被调查人对经常和有时候、很少和没有两组词语义的理解偏差所致，需要追踪调查），但总趋势仍然是随着收听广播程度的增多，使用汉语方言词越少，也即使用普通话词语越多。分类统计结果也相同，其中维语借词的使用率也高于汉语方言固有词的使用率，这一点和收看电视节目的调查结果一致。

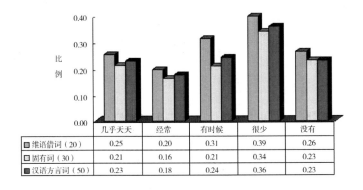

图 4 - 8　汉语方言词使用的报纸媒介差异

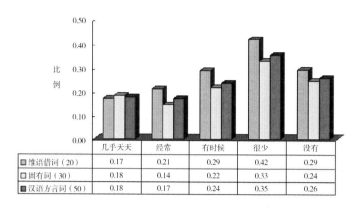

	几乎天天	经常	有时候	很少	没有
■维语借词（20）	0.17	0.21	0.29	0.42	0.29
□固有词（30）	0.18	0.14	0.22	0.33	0.24
■汉语方言词（50）	0.18	0.17	0.24	0.35	0.26

图 4 - 9　汉语方言词使用的杂志媒介差异

表 4 - 5　汉语方言词使用的印刷媒介差异

媒介接触	F	Sig
维语借词（20） ＊ 报纸	3.55	0.008
固有词（30） ＊ 报纸	7.74	0.000
汉语方言词（50） ＊ 报纸	6.54	0.000
维语借词（20） ＊ 杂志	4.09	0.003
固有词（30） ＊ 杂志	6.84	0.000
汉语方言词（50） ＊ 杂志	5.93	0.000

　　我们知道，报纸和杂志主要靠文字符号传递信息，这就要求读者有一定的文化程度，对把汉语作为第二语言学习的维吾尔族来说，还需有一定的汉语基础。基于这种考虑，我们提出以下假设：汉语程度越高，接触汉文报纸、杂志越多，使用汉语方言词则越少。因为汉语程度高，意味着接受普通话的教育时间长，在汉语词汇使用上会偏重使用普通话词语。统计表明，每天或经常看，有时候看和很少甚至没有看在使用汉语方言上确实存在差

异，分类结果相同，其中维语借词的使用率高于汉语方言固有词。总趋势是接触汉文报纸、杂志越多，使用汉语方言词越少，从而验证了我们的假设。

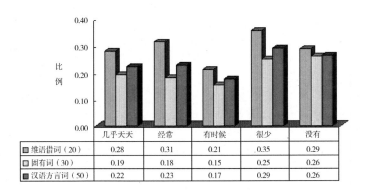

媒介接触	几乎天天	经常	有时候	很少	没有
维语借词（20）	0.28	0.31	0.21	0.35	0.29
固有词（30）	0.19	0.18	0.15	0.25	0.26
汉语方言词（50）	0.22	0.23	0.17	0.29	0.26

图 4 – 10　汉语方言词使用的互联网媒介差异

表 4 – 6　汉语方言词使用的互联网媒介差异

媒介接触	F	Sig
维语借词（20）＊互联网	1.19	0.315
固有词（30）＊互联网	3.91	0.004
汉语方言词（50）＊互联网	2.20	0.070

统计表明，汉语方言词的使用和互联网的接触程度之间没有显著的关联性（sig＝0.070＞0.05），说明接触互联网多少对汉语方言词的使用没有显著的影响。但在分类统计上显示，汉语方言固有词的使用和互联网接触之间存在着一定的关联性（sig＝0.004＜0.05），大致呈现出接触互联网程度越低，汉语方言词使用程度越高，即越不标准的趋势。

中国国务院新闻办公室 2010 年 6 月 8 日发布的《中国互联网

状况》白皮书指出，未成年人已成为中国网民的最大群体，截至2009 年底，中国 3.84 亿网民中，未成年人约占 1/3，互联网对未成年人成长的影响越来越大。我们的调查样本也是这样。因此，我们应该充分重视互联网在推广汉语普通话上所起的重要作用。

二、对媒介流行语的影响

媒介流行语是在报纸、电视、广播、网络等媒体上迅速盛行、广为传播的语词。① 年度媒介流行语真实反映了一年内中国政策举措、社会重大事件、百姓关注焦点以及国际风云的特点和变化。2011 年 12 月，国家语言资源检测与研究中心等七家机构发布的 2011 年度中国媒体即报纸、广播电视、网络（新闻）十大流行语，共 100 个词语。由于调查是以影响维吾尔族对媒介流行语知晓的因素为目的，我们的调查问卷选择了 20 个媒介流行语，以及所要研究的影响维吾尔族对媒介流行语知晓的媒介因素。这 20 个媒介流行语的选择依据是预调查的结果。在预调查中，我们对 100 个媒介流行语做了穷尽式调查，把知晓度得分最高的前 20 个词语进行了排列，知晓度均在七成以上，从预调查的情况看，媒介流行语的知晓度在维吾尔族群体中差异不大，毕竟汉语是维吾尔族的第二语言，这是选择高频媒介流行语作为目标词语的原因。

把汉语作为第二语言的维吾尔族，他们对媒介流行语的接受程度如何？笔者在日常交往中发现，维吾尔族对媒介流行语的了解和掌握与其汉语水平之间并非完全是正比关系，笔者倾向认为，接触汉语媒介种类和程度的不同，是造成维吾尔族人知晓媒

---

① 国家语言资源监测与研究中心：《中国语言生活状况报告》(2007)，400 页，北京，商务印书馆，2008。

介流行语存在差异的原因所在。我们的研究正是基于这种假设，试图探讨媒介接触对维吾尔族知晓媒介流行语的影响，以便为进一步深入探讨大众传媒在第二语言学习过程中的作用和影响打下基础。

为了全面反映维吾尔族人对上述 20 个媒介流行语的知晓状况，我们用两种方式进行调查：一是让被调查对象自己读，简称自读；二是调查员读，简称听读。用 20 个媒介流行语自读知晓率的平均数来代表自读知晓情况，用 20 个媒介流行语听读识得率的平均数来代表听读识得情况，以这两个指标来进行全面的分析。

表 4－7　媒介流行语的知晓率统计

媒介流行语知晓度	自读	听读
1. 日本大地震	91.50	94.70
2. 最美妈妈	85.20	90.80
3. 打四黑除四害	49.80	57.70
4. 击毙本·拉登	91.60	95.80
5. 福岛核泄漏	91.80	95.20
6. 幸福感	90.70	94.00
7. 天宫一号	91.30	97.80
8. 红十字会	76.20	88.50
9. 京沪高铁	85.60	92.00
10. 北京精神	89.80	94.10
11. 乔布斯	28.30	40.30
12. 地沟油	87.20	93.20
13. 共产党人	89.50	95.20
14. 限购令	72.90	78.10
15. 醉驾入刑	71.70	77.60

续表

媒介流行语知晓度	自读	听读
16. 唱红歌	76.90	79.60
17. 异地高考	71.70	71.80
18. 房价调控	70.50	71.60
19. 药家鑫	60.20	61.40
20. 旭日阳刚	65.20	69.30
Total	76.88	81.86

数据表明，维吾尔族对媒介流行语的知晓率，在自读上达到了 76.88%，在他读上达到了 81.86%，说明这 20 个媒介流行语已进入维吾尔族大众的日常生活，在这种情况下，考察大众媒介接触对这些媒介流行语的影响，可以补充大众媒介对维吾尔族汉语使用词汇的研究。分述如下：

（一）电子媒介

电子媒介中的电视作为现代化的传播媒介，其中电视的声音就包括语言。统计表明，收看汉语电视节目程度不同。对维吾尔族知晓流行语的影响也不同。图表显示，二者之间存在显著的关联性。呈现出接触汉语电视节目越多识得媒介流行语词越多的趋势，自读和听读知晓率高低两端分别相差 53 个和 37 个百分点，其中听读比自读高。广播也是新闻媒介之一，是以有声语言作为主要的传播手段的。统计表明趋势和电视相同，只是自读和他读知晓率高低两端分别相差 17 个和 11 个百分点，其中听读对媒介流行语的知晓度比自读高。这说明，是否接触大众媒介对媒介流行语的知晓度是不同的。听读比自读知晓度高，也说明了大众媒介在推广流行语方面所起的作用。

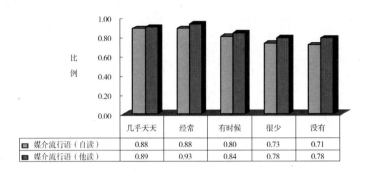

	几乎天天	经常	有时候	很少	没有
媒介流行语（自读）	0.88	0.88	0.80	0.73	0.71
媒介流行语（他读）	0.89	0.93	0.84	0.78	0.78

图 4 – 11　媒介流行语知晓率的电视媒介差异

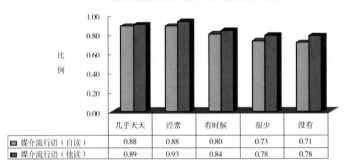

	几乎天天	经常	有时候	很少	没有
媒介流行语（自读）	0.88	0.88	0.80	0.73	0.71
媒介流行语（他读）	0.89	0.93	0.84	0.78	0.78

图 4 – 12　媒介流行语知晓率的广播媒介差异

表 4 – 8　媒介流行语知晓率的电子媒介差异

媒介接触	F	Sig
媒介流行语（自读）知晓率 ＊ 电视	20.293	0.000
媒介流行语（他读）知晓率 ＊ 电视	22.486	0.000
媒介流行语（自读）知晓率 ＊ 广播	5.012	0.001
媒介流行语（他读）知晓率 ＊ 广播	4.783	0.001

（二）印刷媒介

报纸和杂志主要靠文字符号传递信息，这就要求读者有一定

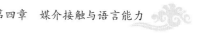

的文化程度，尤其是第二语言学习者。统计表明，接触汉文报纸杂志频率不同，对维吾尔族知晓媒介流行语的影响也不同，图表显示，二者之间存在显著的关联性。大致呈现出阅读汉文报纸杂志越多识得媒介流行语越多的趋势，其中报纸自读和听读知晓率高低两端分别相差 19 个和 15 个百分点，杂志相差 25 个和 18 个百分点，听读对媒介流行语的知晓率都比自读高。既然是媒介流行语，那么，在报纸、杂志上这些词出现的频率也会很高，接触多识得多是可以解释的。

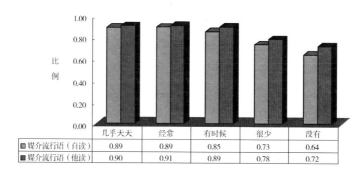

	几乎天天	经常	有时候	很少	没有
媒介流行语（自读）	0.89	0.89	0.85	0.73	0.64
媒介流行语（他读）	0.90	0.91	0.89	0.78	0.72

图 4-13 媒介流行语知晓率的报纸媒介差异

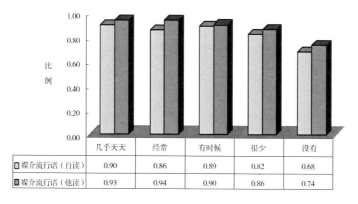

	几乎天天	经常	有时候	很少	没有
媒介流行语（自读）	0.90	0.86	0.89	0.82	0.68
媒介流行语（他读）	0.93	0.94	0.90	0.86	0.74

图 4-14 媒介流行语知晓率的杂志媒介差异

表4-9　媒介流行语知晓率的印刷媒介差异

媒介接触	F	Sig
媒介流行语（自读）知晓率＊报纸	12.964	0.000
媒介流行语（他读）知晓率＊报纸	12.234	0.000
媒介流行语（自读）知晓率＊杂志	15.118	0.000
媒介流行语（他读）知晓率＊杂志	14.264	0.000

（三）互联网

互联网情况，从调查来看，维吾尔族接触互联网的比例还非常低，有经济等多方面原因，互联网的使用是否会影响到对媒介流行语的知晓，这是我们要探索的。统计表明，接触互联网频率不同，对维吾尔族知晓媒介流行语的影响也不同。下表显示，二者之间存在着显著的关联性，呈现出接触互联网越多知晓媒介流行语越多的趋势，自读和听读知晓率高低两端分别相差22个和19个百分点，其中听读对媒介流行语的知晓率比自读高。

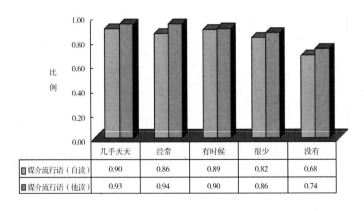

	几乎天天	经常	有时候	很少	没有
媒介流行语（自读）	0.90	0.86	0.89	0.82	0.68
媒介流行语（他读）	0.93	0.94	0.90	0.86	0.74

图4-15　媒介流行语知晓率的互联网媒介差异

表 4 - 10 媒介流行语知晓率的互联网媒介差异

媒介接触	F	Sig
媒介流行语（自读）知晓率 * 互联网	11. 316	0. 000
媒介流行语（他读）知晓率 * 互联网	15. 755	0. 000

通过以上分析我们得出初步结论：由于大众媒介的影响，维吾尔族对高频媒介流行语的知晓度比较高，说明高频媒介流行语已进入维吾尔族的日常汉语使用中；总体上听读比自读高频媒介流行语知晓程度要高，说明电视、广播、报纸、杂志、互联网等大众媒介对高频媒介流行语的宣传和推广起了重要作用。

第三节　语法的影响

先看几个表格，进而说明电视和报纸等媒体对语法的影响，这样更直接和易懂：

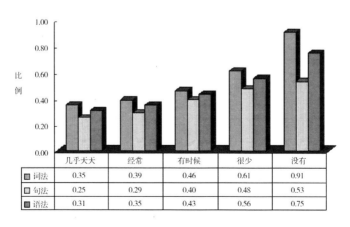

图 4 - 16 语法使用的电视媒介差异

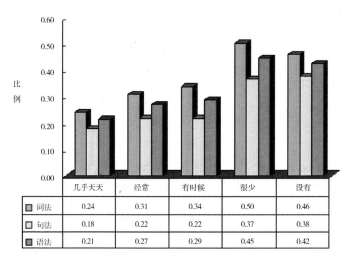

图 4－17　语法使用的广播媒介差异

表 4－11　语法使用的电子媒介差异

媒介接触	F	Sig
词法 ＊ 电视	7. 34	0. 000
句法 ＊ 电视	5. 55	0. 000
语法 ＊ 电视	7. 72	0. 000
词法 ＊ 广播	6. 56	0. 000
句法 ＊ 广播	6. 07	0. 000
语法 ＊ 广播	7. 47	0. 000

　　统计表明，收看汉语电视节目、收听汉语广播频次的不同，对维吾尔族汉语语法变异使用的影响也不同，显示出二者之间存在着显著的关联性（sig ＜ 0. 05），接触汉语电视节目、收听汉语广播越多，语法变异使用率越少，也就是说组词、造句更符合汉

语语法规范。分类统计结果也相同。

　　从收看汉语电视、收听汉语广播两个方面对维吾尔族汉语使用中语法规则的影响来看，总趋势是一致的，但影响力大小不同。从统计图可以看出，听汉语广播的语法变异使用率较之看汉语电视要低，即汉语语法规范程度高。这是由于收听广播对人是单一的听觉刺激，而看电视对人则是视觉和听觉的双向影响，对使用第二语言的维吾尔族人来说，听觉单项影响的作用力高于双向影响，这是听汉语广播的语法规范性高于看汉语电视的原因之一。

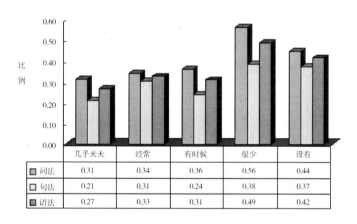

	几乎天天	经常	有时候	很少	没有
词法	0.31	0.34	0.36	0.56	0.44
句法	0.21	0.31	0.24	0.38	0.37
语法	0.27	0.33	0.31	0.49	0.42

图 4－18　语法变异使用的报纸媒介差异

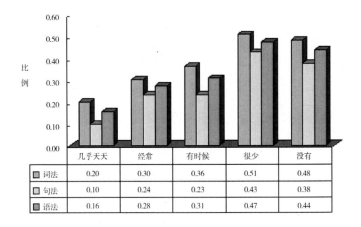

	几乎天天	经常	有时候	很少	没有
词法	0.20	0.30	0.36	0.51	0.48
句法	0.10	0.24	0.23	0.43	0.38
语法	0.16	0.28	0.31	0.47	0.44

图 4-19 语法变异使用的杂志媒介差异

表 4-12 语法变异使用的印刷媒介差异

媒介接触	F	Sig
词法 ＊ 报纸	5.89	0.000
句法 ＊ 报纸	4.20	0.003
语法 ＊ 报纸	5.69	0.000
词法 ＊ 杂志	7.79	0.000
句法 ＊ 杂志	9.41	0.000
语法 ＊ 杂志	10.06	0.000

　　另一个研究视角也说明了同样的问题。以文字符号传递信息的报纸和杂志，要求读者有一定的文化程度，对把汉语作为第二语言学习的维吾尔族来说还需有一定的汉语基础。基于这种考虑，我们提出以下假设：汉语程度越高，接触汉文报纸、杂志越多，对汉语语法变异的使用则越少。因为汉语程度高，意味着接受普通话的教育时间长，在汉语使用上语法规范化程度会高。统

计表明，每天或经常看、有时候看、很少和没有看这几种情况，在语法变异的使用上确实存在着差异，分类统计结果相同。其中，词法的变异使用率大于句法。总趋势是接触汉文报纸、杂志越多，使用汉语时越符合汉语语法规则，这验证了我们的假设。

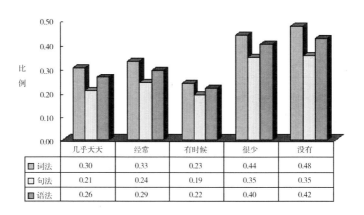

	几乎天天	经常	有时候	很少	没有
■ 词法	0.30	0.33	0.23	0.44	0.48
□ 句法	0.21	0.24	0.19	0.35	0.35
■ 语法	0.26	0.29	0.22	0.40	0.42

图 4 - 20　语法变异使用的互联网媒介差异

表 4 - 13　语法变异使用的互联网媒介差异

媒介接触	F	Sig
词法 ＊ 互联网	6.94	0.000
句法 ＊ 互联网	4.28	0.002
语法 ＊ 互联网	6.83	0.000

我们通过以上大量的互相关联的表格可以得出一个结论：语法变异的使用和互联网的接触程度之间存在显著的关联性（sig ＜ 0.05)，说明接触互联网多少对语法变异的使用有影响。分类统计结果相同。大致呈现出接触互联网越低，语法变异的使用越高的趋势。

互联网既可提供文字与图形，又可以提供声音和影像，这是传统媒介无法比拟的。互联网的使用对维吾尔族汉语使用来说会产生全方位的影响。中国政府已充分认识到互联网对于加快国民经济发展、推动科学技术进步和加速社会服务信息化进程的不可替代作用。中国国务院新闻办公室 2010 年 6 月 8 日发布的《中国互联网状况》白皮书表示，中国政府将继续致力于推动互联网的发展和普及，努力在未来 5 年使中国互联网的普及率达到 45%，使更多人从互联网受益，包括第二语言学习方面的受益。

第四节　语言能力的影响

语言能力是指对语音、词汇、语法等语言知识的掌握以及听说读写译等语言技能的运用能力。考虑到语言学里对构成语言使用的三个因素（语音、词汇、语法）有同等的重视，我们建立了如下总指标模型：

维吾尔族汉语使用 ＝（语音变异＋词汇变异＋语法变异）÷3

以此来考察没接接触对维吾尔族汉语使用的影响。鉴于我们对此问题已有了较多的分析和论证，本文简要述之。

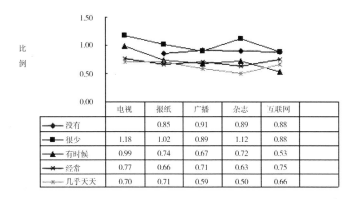

	电视	报纸	广播	杂志	互联网
◆ 没有		0.85	0.91	0.89	0.88
■ 很少	1.18	1.02	0.89	1.12	0.88
▲ 有时候	0.99	0.74	0.67	0.72	0.53
✕ 经常	0.77	0.66	0.71	0.63	0.75
✻ 几乎天天	0.70	0.71	0.59	0.50	0.66

图 4 – 21　语言能力的媒介差异

表 4 – 14　语言能力的媒介差异

媒介接触	F	Sig
语言变异 ＊ 媒介接触：1. 电视	7.37	0.000
语言变异 ＊ 媒介接触：2. 广播	3.28	0.013
语言变异 ＊ 媒介接触：3. 报纸	3.34	0.011
语言变异 ＊ 媒介接触：4. 杂志	8.18	0.000
语言变异 ＊ 媒介接触：5. 互联网	3.78	0.005

　　统计表明，接触汉语媒介电视、广播、报纸、杂志互联网的频率和语言变异之间存在显著的关联性（sig＜0.05），总的趋势是接触频次越多，语言变异程度越低，换句话说，汉语越标准。我国是一个"一国两制"的国家，又是一个多民族的国家，随着经济体制的转型社会现象日益复杂，社会媒介环境对人的影响越来越大，包括对语言使用的影响。

　　综上所述，随着社会和科技的发展，整个地球变得更加狭小。传媒——当今社会谁也离不开的工具，正在不断地向人们灌输着不同于其人本身和社会文化的价值观，包括语言价值观。这同样会给维吾尔人汉语的学习与使用带来一些想象不到的影响。维吾尔族汉语使用受媒介环境的影响进一步说明，语言与媒介环境是一个动态的不断发展变化的过程。两者是一种对应关系，在某种情况下媒介环境会作用于一种语言的使用，促使其发生变化。

第五章　媒介接触的多元分析

　　追本溯源，媒介即中介或中介物，存在于事物的运动过程中。传播意义上的媒介是指传播信息符号的物质实体。施拉姆认为，"媒介就是插入传播过程之中，用以扩大并延伸信息传送的工具"。可以这样说，传播媒介是传播过程的基本组成部分，是传播行为得以实现的物质手段。媒介是指一种物质实体，是传播信息使用的工具；而媒介组织则是指拥有这些媒介，经营这些媒介的机构，如报社、电台、电视台、出版社、杂志社、电影制片厂等。

　　媒介与媒介组织是两个互相联系但意义不同的概念。媒介和媒介组织这两个方面是传播学研究的重要内容：一方面，作为技术手段的传播媒介的发达程度如何决定着社会传播的速度、范围和效率；另一方面，作为组织机构的传播媒介的制度、所有制关系、意识形态和文化背景如何，决定着社会传播的内容和倾向性。本章的重点主要研究媒介接触对维吾尔族学习第二语言——汉语的影响，既涉及与传播技术有关的媒介，又涉及传播的内容。

第一节　媒介类型与角色权重

大众传播媒介主要是指报纸、杂志、广播、电视等，这些传播媒介传播信息具有速度快、范围广、影响大等特点。报纸、杂志被称为印刷类大众传播媒介，广播、电视被称为电子类大众传播媒介。

一、大众媒介的特点

在我国，报纸作为大众化的媒介形式，其历史最长，发行量大，传播面广，读者众多，遍及社会的各阶层。报纸有旬报、周报、日报、晚报、晨报等形式。报纸的出版频率高和定时出版的特性，使得语言信息得以传递。报纸是视觉媒介，它是借文字进行传播，要求读者有文化，限制了读者范围。杂志一般是针对某一专业、某一读者群进行宣传、出版，其内容不同于报纸、电视、广播那样包罗万象。杂志具有明确的稳定的读者群体。一般来说，其读者文化层次较高，对于杂志有比较持久的兴趣。在四大媒介中，杂志的寿命最长。大多数杂志发行量较小，影响面比不上报纸、广播、电视。广播是通过无线电波或导线传送声音的媒介。在西方国家的一些传播学和广告著作中，把报纸、杂志等印刷媒介称为"选择性媒介"，把电子传播媒介，如广播、电视称为"闯入型媒介"。他们之所以这样称谓，是因为报纸、杂志等印刷媒介，读者一拿到它，就会尽可能有选择地去阅读自己感兴趣的节目和内容。电视是综合传播文字、声音、图像、色彩、动态的视听兼备媒介。电视将图像、声音、文字等形式齐集荧屏，以全能语言的方式让人们同时可以接受声像和文字传播；而它另一突出特点是对收受者的文化水平要求不高，这就极大地扩展了收受人群的范围，把语言传播带入了一个普遍收受的时代。电视既具备报纸、杂志的视觉效果，又具备广播的听觉功能，还具有报纸、杂志、广播所不曾具备的直观形象性和动态感。

二、第五媒介的特点

互联网这个被喻为继报纸、杂志、广播、电视以后的第五媒介，是计算机技术、信息技术与通信技术融合的产物。以其快速、高效的优势将信息传递带到了一个全新的境界，传统媒介在许多方面是无法与之相比的。比如在网上参与活动、发奖、征集发言，等等，电视报纸是无法直接同步的；和传统媒介相比较，网络对于人文的表达更直接，所以才会有网恋、网婚等社会现象的出现。网友对网络有惯性，一旦认定了一个人群，他就会长期黏在网上，而不像传统媒介任何一个好的内容都可能吸引一批人走；在形式上可以在线收听、收看、试玩、调查，等等，可以集各种传统媒介的精华，而传统媒介却无法这样互相沟通；网络最早被大众认可的作用和意义是信息密集，从美国雅虎到中国新浪，均以提供及时全面的信息获得最大的网友群。网络营销更加趋于主流媒介，这都需要语言的使用。由于手机在信息传播中的作用越来越大，因此不可忽视其在信息传播中的特殊地位。因此，手机也被称为第五媒介。

三、媒介使用的权重

什么是权重？"权"的古代含义为秤砣，就是秤上可以滑动以观察质量的那个铁疙瘩。《孟子·梁惠王上》曰："权，然后知轻重。"

可见，权重是一个相对的概念，是针对某一指标而言。某一指标的权重是指该指标在整体评价中的相对重要程度。它表示在评价过程中，是被评价对象的不同侧面的重要程度的定量分配，对各评价因子在总体评价中的作用进行区别对待。事实上，没有重点的评价就不算是客观的评价。简单说，权重就是影响一个东西的几个因素各自所占的影响比重。

为了得到一个反映总体维吾尔族汉语使用标准程度的指标，考虑到语言学里对构成语言使用的三个因素（语音、词汇、语法）有同等的重视，我们建立了如下总指标模型：

汉语使用 =（语音＋词汇＋语法）÷3

以这个指标来衡量个体的汉语使用情况，有了这个指标就可以分析各种媒介因素对个体汉语使用的影响，并比较这些因素之间影响力的差异。本研究将媒介因素选出，并作为自变量进入回归方程，以汉语使用为因变量进行回归分析并将所有的方差分析结果汇总成一个表后，我们发现，在接触的六种媒介中只有电视和杂志两种媒介进入回归模型。

表 5 – 1　接触电视和杂志对汉语使用影响的回归模型

	多元相关系数 R	决定系数 R2（R Square）	增加解释量（R Square Change）	F	标准化回归系数（Beta）
接触汉语电视	0.308	0.095	0.095	21.303	− 0.258
接触汉语杂志	0.368	0.135	0.040	15.628	− 0.207

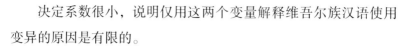

　　决定系数很小，说明仅用这两个变量解释维吾尔族汉语使用变异的原因是有限的。

　　引起维吾尔族汉语使用变异的原因是多方面的，对第二语言学习者来说，各种媒介都会对其使用产生积极的影响。

第二节　媒介的社会性与汉语使用

　　上一章考察了媒介接触对维吾尔族汉语使用的影响，这一节将进一步探讨媒介接触中的社会因素对维吾尔族汉语使用的影响。"社会性"是生物作为集体活动的个体，或作为社会的一员而活动时所表现出的有利于集体和社会发展的特性，是人的不能脱离社会而孤立生存的属性。社会语言学一直试图从现实社会使用的语言中分析出推动语言变化的最初动力，通过共时的语言变异分布说明历时的语言演变过程。因而，社会语言学的变异研究，除了考察语言项目在地理上的分布以外，还考察语言项目的社会分布。性别、年龄、职业、文化程度、经济等因素作为社会语言学研究变异的重要社会自变量，在语言变异中有着重要影响。

　　任何一种语言结构都包括语音、词汇、语法三个方面，而语言的使用又是这三个方面的综合体现，维吾尔族汉语使用亦是如此。所以，我们在考察媒介接触中的社会因素对维吾尔族汉语使用的影响时，首先在语音、词汇、语法三个方面进行讨论，然后对维吾尔族汉语使用中的语音、词汇、语法三部分的特点在 SPSS 中进行整合，产生新变量"语言变异"，即维吾尔族汉语使用的总体情况，并以此进行整体分析。

为了说明得更清楚，本研究对接触媒体的频度重新进行了合并，分成了不接触、一般接触、频繁接触三个维度。参考前面的研究结果，选取了电子媒介中的电视，印刷媒介中的报纸，再加上互联网，共三种媒介进行考察。下面从性别、年龄、文化程度、收入等方面逐一进行方差分析。由于职业种类多，很难合并成两三类，暂不考察。由于表格更加直观，就略去重复的语言表述。

一、性别

（一）电视

表5-2　不同性别接触汉语电视的汉语使用变异分析

男性	语音总变异率	汉语方言词总使用率	语法总变异率	语言使用总变异率
F	3.394	13.708	8.277	4.104
Sig	.037	.000	.000	.000
女性	语音总变异率	汉语方言词总使用率	语法总变异率	语言使用总变异率
F	.670	6.201	3.651	4.411
Sig	.013	.003	.028	.015

我们以接触汉语电视媒介的频度作为自变量，分别以语音总变异率、汉语方言词总使用率、语法变异总使用率和语言使用总变异率作为因变量，采用一元方差分析，统计显示，接触电视媒介频度不同的男性在语言使用变异的差异上都达到了显著水平（sig<0.05）。分类统计结果相同。女性接触汉语电视方差分析的结果和男性相同，即在语音、词汇、语法及汉语使用总变异方面

有明显差异。这说明电视的视、听、说功能已经对维吾尔族大众汉语使用产生了积极的影响。

（二）报纸

表 5 - 3　不同性别接触汉语报纸的汉语使用变异分析

男性	语音 总变异率	汉语方言词 总使用率	语法 总变异率	语言使用 总变异率
F	1. 657	1. 1179	1. 426	. 218
Sig	. 195	. 311	. 244	. 804
女性	语音 总变异率	汉语方言词 总使用率	语法 总变异率	语言使用 总变异率
F	5. 587	4. 628	1. 040	1. 908
Sig	. 065	. 011	. 356	. 154

　　结论是接触报纸媒介频度不同的男性在汉语使用变异上没有显著差异（sig = . 804 > 0. 05）。各分类统计结果相同。接触报纸媒介频度不同的女性在汉语使用总变异上也没有显著差异（sig = . 154 > 0. 05），在词汇方面则呈现显著差异（sig = . 011）。总的来说，是否阅读汉文报纸对维吾尔族大众汉语使用水平高低没有影响。

　　报纸的主要功能是阅读，对语音没有影响的结论是合理的。报纸要求使用规范汉语即普通话，制约女性对汉语方言词的使用恰好说明了报纸用词的规范。但调查结果显示，在语法和总使用状况及男性对汉语方言词的使用没有差异的结果是难以解释的，尚需进一步研究。

(三) 互联网

表 5-4　不同性别接触互联网的汉语使用变异分析

男性	语音 总变异率	汉语方言词 总使用率	语法 总变异率	语言使用 总变异率
F	7.810	2.165	6.765	6.725
Sig	.001	.119	.002	.002
女性	语音 总变异率	汉语方言词 总使用率	语法 总变异率	语言使用 总变异率
F	2.020	.606	2.063	.654
Sig	.137	.547	.131	.522

统计表明，接触互联网媒介频度不同的男性在汉语使用变异上有显著差异。在分类统计上，语音和语法变异使用上有显著差异，但在汉语方言词使用上则没有差异。究其原因，一方面由于互联网有视听功能，另一方面互联网总的来说是使用规范用语的。这就要求用词和语法都要使用规范汉语，即普通话，所以是否接触互联网对其汉语水平有影响是可以理解的。由于汉语方言词出现在互联网上的概率很小，所以，在汉语方言词的使用上没有差异的调查结果是可信的。统计显示，接触互联网媒介频度不同的女性在汉语使用变异上没有显著差异。分类统计结果一致。在调查中我们了解到，接触互联网的男性比女性多，互联网尚没有成为维吾尔族女性大众的媒介，因而对其汉语使用的影响有限。

二、年龄

为了充分地利用样本，更好地说明问题，我们把样本中的年龄进行了重新合并，整合为老、中、青三个群体，即老年（46 岁以上）、中年（31～45 岁）、青年（15～30 岁）。

（一）电视

表 5－5　不同年龄接触汉语电视的汉语使用变异分析

青年	语音 总变异率	汉语方言词 总使用率	语法 总变异率	语言使用 总变异率
F	.506	8.046	8.540	6.357
Sig	.604	.000	.000	.002
中年	语音 总变异率	汉语方言词 总使用率	语法 总变异率	语言使用 总变异率
F	3.809	5.708	1.200	.644
Sig	.028	.005	.308	.530
老年	语音 总变异率	汉语方言词 总使用率	语法 总变异率	语言使用 总变异率
F	2.236	6.824	4.315	3.141
Sig	.125	.003	.020	.065

统计显示，接触电视媒介频度不同的青年群体在语言使用变异的差异上除语音外都达到了显著水平。中年群体在语言使用变异的差异上除语音和词汇达到了显著水平，语法和语言使用总变异率则没有显著差异。老年群体在语言使用变异的差异上除词汇和语法达到了显著水平，语音和语言使用总变异率则没有显著差异。第二语言习得的研究，肯定了在自然条件下，就语音和语法方面而言，年龄越小，学得越好，但读写方面，年龄越大的人则具有优势。通过比较可以看出，电视对青年群体汉语使用总体上

说是有影响的。中年人接触电视媒介频度不同在语音上体现出差异而老年人则没有，老年人在语法上随接触电视媒介频度不同体现出差异，这些结论都验证补充了第二语言习得理论。

（二）报纸

表5-6　不同年龄接触汉语报纸的汉语使用变异分析

青年	语音 总变异率	汉语方言词 总使用率	语法 总变异率	语言使用 总变异率
F	5.168	3.821	2.259	3.486
Sig	.007	.024	.108	.034
中年	语音 总变异率	汉语方言词 总使用率	语法 总变异率	语言使用 总变异率
F	1.759	3.027	.602	.464
Sig	.181	.055	.551	.631
老年	语音 总变异率	汉语方言词 总使用率	语法 总变异率	语言使用 总变异率
F	.413	.806	1.524	1.616
Sig	.665	.455	.231	.224

统计表明，接触报纸媒介频度不同的青年群体在汉语使用总变异上有显著差异，在语音和词汇方面也呈现显著差异，在语法使用变异上则没有显著差异。而中年和老年群体在汉语使用总变异上则没有显著差异，各分类统计结果相同。

这实际上仍然是第二语言习得理论中年龄对学习影响的又一个佐证。

（三）互联网

表5-7 不同年龄接触互联网的汉语使用变异分析

青年	语音 总变异率	汉语方言词 总使用率	语法 总变异率	语言使用 总变异率
F	1.948	.848	2.917	4.809
Sig	.146	.430	.057	.010
中年	语音 总变异率	汉语方言词 总使用率	语法 总变异率	语言使用 总变异率
F	.540	1.280	1.000	.291
Sig	.586	.285	.373	.749
老年	语音 总变异率	汉语方言词 总使用率	语法 总变异率	语言使用 总变异率
F	.565	2.089	.513	.619
Sig	.574	.139	.603	.548

统计表明，接触互联网媒介频度不同的青年在汉语使用总变异上有显著差异，各分类统计结果则没有显著差异。而在中年群体和老年群体中则没有差异。

在我们的调查样本中，接触互联网的人群主要是青年，中年和老年所占比例很少，所以对汉语使用没有太多影响。由于经济等原因，互联网尚未成为维吾尔族的大众媒介。

三、文化程度

在这一小节里，我们参照其他社会性的分类，把文化程度分为三类：低等（初中及以下）、中等（高中、中专）、高等（大专及以上）。

（一）电视

表5-8　不同文化程度接触汉语电视的汉语使用变异分析

低等	语音 总变异率	汉语方言词 总使用率	语法 总变异率	语言使用 总变异率
F	1.701	11.031	6.796	4.873
Sig	.194	.000	.002	.013
中等	语音 总变异率	汉语方言词 总使用率	语法 总变异率	语言使用 总变异率
F	.099	1.491	1.687	.031
Sig	.906	.232	.192	.970
高等	语音 总变异率	汉语方言词 总使用率	语法 总变异率	语言使用 总变异率
F	3.652	9.533	4.584	6.146
Sig	.029	.000	.012	.003

　　统计显示，接触电视媒介频度低文化程度者在语言使用变异的差异上除语音外都达到了显著水平。而接触电视媒介频度对中高等文化程度的维吾尔族大众在汉语语言使用上则不呈现差异。各分类统计结果相同。按照前面的研究，低文化程度者由于所受汉语正规教育时间短，水平一般来说也较低，在这种情况下，电视媒介作为普通话的推广者，对汉语水平低的群体的影响应该是最大的。而对已经接受过多年正规汉语教育的中高等文化程度者，再想在语音、词汇和语法三方面通过电视媒介而有所提高则是困难的。

（二）报纸

表5-9　不同文化程度接触汉语报纸的汉语使用变异分析

低等	语音 总变异率	汉语方言词 总使用率	语法 总变异率	语言使用 总变异率
F	4.567	.693	.321	.122
Sig	.016	.505	.727	.885
中等	语音 总变异率	汉语方言词 总使用率	语法 总变异率	语言使用 总变异率
F	.066	2.286	.108	.738
Sig	.936	.108	.898	.483
高等	语音 总变异率	汉语方言词 总使用率	语法 总变异率	语言使用 总变异率
F	4.414	1.800	6.140	2.126
Sig	.036	.169	.003	.125

　　统计显示，接触报纸媒介频度低文化程度者在语言使用变异的差异上除语音外都没有显著差异，对中等文化程度则没有影响，对高等文化程度者来说，在语音和语法变异使用上有显著差异。总之，对中高等文化程度的人来说，阅读汉文报纸的频度和汉语使用之间没有差异。这里能够说明的是由于用第二语言阅读报纸对其汉语水平有一定的要求，因而人数是有限的，这可能是影响小的原因所在。

（三）互联网

表5-10　不同文化程度接触互联网的汉语使用变异分析

低等	语音总变异率	汉语方言词总使用率	语法总变异率	语言使用总变异率
F	3.563	.647	2.083	.780
Sig	.037	.528	.135	.466
中等	语音总变异率	汉语方言词总使用率	语法总变异率	语言使用总变异率
F	2.758	.156	2.372	1.826
Sig	.071	.856	.100	.171
高等	语音总变异率	汉语方言词总使用率	语法总变异率	语言使用总变异率
F	1.693	4.047	4.129	4.524
Sig	.188	.020	.018	.013

统计显示，接触互联网媒介频度对低文化程度者在语言使用变异的差异上只有语音有差异，对中等文化程度者来说则没有差异，高等文化程度者除语音变异使用没有显著差异外，在其余三项均有显著差异。以上调查基本上可以呈现一种趋势，即接触互联网频度对中低文化者使用汉语来说是没有影响的，对高等文化程度者则有影响。这种结果主要是中低文化程度者接触互联网少，所以很难考察出对其语言使用的影响，需加大样本量，进一步探讨。

四、收入

为了研究方便，我们同样把收入重新合并为三段：低收入

（600 元以下）、中等收入（200～2000 元）、高收入（2000 元以上）。

（一）电视

表 5－11　不同收入接触汉语电视的汉语使用变异分析

低收入	语音 总变异率	汉语方言词 总使用率	语法 总变异率	语言使用 总变异率
F	5.675	.486	2.076	4.142
Sig	.005	.616	.130	.019
中收入	语音 总变异率	汉语方言词 总使用率	语法 总变异率	语言使用 总变异率
F	2.135	19.322	5.597	8.122
Sig	.147	.000	.020	.005
高收入	语音 总变异率	汉语方言词 总使用率	语法 总变异率	语言使用 总变异率
F	.677	7.058	9.469	.720
Sig	.524	.007	.002	.508

表 5－11 数据表明，接触电视媒介频度对低收入者在语言使用总变异上有显著差异，分类统计结果在语音变异使用上也有显著差异，在词汇和语法上则没有。接触电视媒介频度对中等收入者在语言使用变异上除语音外均有显著差异。对高等收入者在语言使用变异词汇和语法项目上有显著差异，而在语音和总使用上则没有差异。

（二）报纸

表 5 - 12　不同收入接触汉语报纸的汉语使用变异分析

低收入	语音 总变异率	汉语方言词 总使用率	语法 总变异率	语言使用 总变异率
F	4. 914	. 171	1. 881	1. 700
Sig	. 009	. 843	. 157	. 189
中收入	语音 总变异率	汉语方言词 总使用率	语法 总变异率	语言使用 总变异率
F	. 766	6. 713	2. 022	2. 659
Sig	. 463	. 002	. 137	. 076
高收入	语音 总变异率	汉语方言词 总使用率	语法 总变异率	语言使用 总变异率
F	. 793	13. 028	4. 862	1. 565
Sig	. 472	. 001	. 024	. 252

　　统计显示，接触报纸媒介频度高低收入者在语言使用变异的差异上除语音上有显著差异外，其余都不存在明显差异。中等收入者在语言使用变异上除词汇有显著差异外，其余都没有。高收入者在语言使用变异词汇和语法项目上有显著差异，而在语音和总使用上则没有差异。

　　由于文化程度、职业、收入之间密切相关，对于接触汉语电视和报纸的维吾尔族群体来说，究竟是收入影响汉语使用水平还是文化程度和经济因素亦或是共同影响还需要进一步探索。

（三）互联网

表5－13　不同收入接触互联网的汉语使用变异分析

低收入	语音 总变异率	汉语方言词 总使用率	语法 总变异率	语言使用 总变异率
F	1.800	3.647	4.497	3.153
Sig	.170	.029	.013	.048
中收入	语音 总变异率	汉语方言词 总使用率	语法 总变异率	语言使用 总变异率
F	.220	1.595	4.249	1.408
Sig	.803	.207	.017	.250
高收入	语音 总变异率	汉语方言词 总使用率	语法 总变异率	语言使用 总变异率
F	.675	.512	4.160	.755
Sig	.525	.610	.037	.493

　　统计显示，接触互联网媒介频度对低收入者在语言使用变异上除语音外均有显著差异，对中高等收入者来说体现在语法使用上存在显著差异。前面的调查显示，低收入包括无收入中大多都是学生，而中等收入则大多为公务员和科研工作者，社会的积极倡导使这些人群成为汉语学习的实践者，他们学习汉语的主动性强，因而接触汉语大众媒介频度对其汉语水平产生了直接影响，即接触多，汉语水平则高。而高等收入商人居多，其使用汉语的目的只为了交际，标准与否对生意没直接影响，因而，调查结果显示没有差异是合理的。

　　通过以上分析，我们发现，由于职业和收入的直接关系，到底是接触汉语大众媒介还是收入对汉语使用有影响，还需进一步验证。所以，单从一个角度考察社会语言现象是有其局限性的。

第三节　媒介融合与语言学习

本节将探讨传统大众媒介与新的计算机和电讯媒介是如何融合并创造出新的传播媒介，以及对语言学习有可能产生的影响。

一、媒介的融合

由于技术的飞快发展，社会正向信息社会加速转变。把电视、广播、报纸、杂志、互联网看作完全不同的实体，各自对语言学习产生作用是不够的。计算机和电讯网络方面的进步已使得它们与传统大众媒介融合了。集中体现在：一是互联网的兴起。互联网许多网页不仅提供文字与图形，而且提供声音与影像，集中体现了传统传播媒介与计算机的融合。这样，互联网就将成为未来传播媒介环境的模式：一个高速计算机网络，通过它，我们可以同样自如地阅读新闻故事，看录像（电视），听音乐，与家人、朋友、同事交流。这样，语言学习的听、说、读、写就都在计算机上完成了。二是传统媒介。正如莫里斯（Morris）和奥根（Ogan）所说的，如果我们忽视了计算机媒介，那么"不但（大众传播）这一学科会落在后面"，而且我们"也将失去对大众传播研究的一些中心问题答案进行探索和重新思考的机会"。传统媒介和计算机网络的融合不断产生出结合广播、电视、电影和报纸、杂志等元素的新形式，其结合的方式全然不顾传统的分类，甚至模糊了一些根本性的区别，譬如人际交流与大众传播的区别（Negroponte，1995；Dizard，1997）。三是新媒介。许多名词都曾经被用来描述传统大众媒介与计算机技术的融合，在 20 世纪 70 年代晚期，两个法国学者（Nora and Minc，1980）新创的"telematique"（其英语中的对应词为"telematics"）一词曾一度流行。其他人更喜欢"informatics"，以强调信息网络也包括在这种融合之中。从根本上讲，信息高速公路对于信息时代的重要性就等于高速公路对于工业时代的重要性：它提供了全世界通用的网络，任何旅客都可以在上面"驰骋"，不管他们交流的目的是商务，公用事业，或者是追求幸福。

总之，目前，大多数大的媒介出口都以某种形式在网上出现，许多还用它作为传输印刷、收音机和视频内容的渠道。这样，互联网正迅速变成信息高速公路。这样发展的结果是只有一种媒介，而不是各不相同的收音机、电视、电影和印刷媒介。以前，人际交流与大众媒介之间的明显差异将会消除，正像电视、广播、出版、计算机和有限产业之间壁垒的消除一样。所以这里的传播媒介将被用作传播新世界的一个包容性术语。以前传统的媒介之间存在的明显区别将快速消失。

二、模式的变化

电子信息的革命是人类历史上的重要产业革命。计算机媒介进入家庭后，大众媒介的消费模式亦会改变。有研究表明，1/3 的互联网用户看电视的时间实际上比以前少了（Miller and Clemente，1997）。融合带给我们新的生活方式，现在有成千上万的人在"在网上"工作（Dizard，1997）、形成社会关系（Parks and Floyd，1996）、建立新身份（Turkle，1997）并发展新文化（Dery，1996）。所有这一切都意味着更多的生活选择，包括语言学习。

媒介的合并涉及的的范围很广，从通过计算机传输给我们新式的暴力包括语言暴力所产生的影响。融合技术也引起人们对下列语言使用问题的日益关注：CNNIC（中国互联网络信息中心）发布《第 24 次中国互联网络发展状况统计报告》，报告显示，截至 2009 年 12 月底，中国网民规模达到 3.84 亿，而宽带网民规模则达到了 3.46 亿，占总网民数的 90.1%。在 3.84 亿网民中，使用手机上网的网民达到 2.33 亿，占网民总数 60.8%，手机网民规模呈现迅速增长的势头。除了得益于政府和运营商的努力推动外，这种增长与手机上网本身所具有的时尚色彩以及手机上网内容的丰富也有很大关系。而乡村地区手机占有率的进一步提升，也推动了这一群体手机上网使用比例的上升。与网民规模持续增长相对应的，是我国互联网普及率的稳步提升。截至 2009 年 12 月底，我国互联网普及率达到 28.9%，保持平稳上升的态势。同时报告显示，我国网民上网最爱干的三件事分别是：娱乐、聊天、看新闻。我国网民在网络娱乐、信息获取和交流沟通类网络应用上使用率较高，除论坛/BBS 外，这三类网络应用在网民中的使用率均在 50% 以上，84.3% 网民认为互联网是其最重要的信息渠道，48% 的网民对互联网的信任程度比电视更高。网络购物、网上支付等商务交易类网络应用使用率相对较低。

我们发现，互联网作为现代社会高速高效的工具，一方面在给人们的生活带来便捷的同时，也使一些人产生依赖心理，甚至出现了成瘾倾向。报告显示：每 6 个网民中就有 1 个具有成瘾倾向。与此同时，互联网带来的社会隔离感也在不断增强，互联网开始成为隔在网民与家人、网民与社会之间的"心理之墙"，并有逐渐加厚的趋势。互联网正在显现出从受人控制的工具，向脱离人的控制、进而控制人的异化物方向发展的趋势。从更具体角度讲，在语言学习上，互联网是人们学习语言的工具，学习语言最终要使用语言，不仅是学习书面语的使用，更重要的是在现实社会中使用活的语言。因此，在推动互联网向高速、可信网络发展的同时，必须警惕从工具互联网向目的互联网的转化。

第四节　媒介政策与传播规范

本节重点探讨国家立法、媒介政策及对语言学习的影响等问题。

一、我国关于媒介与语言的法律、法规

目前，在我国已经初显完备的法律体系中，语言文字法律法规共 20 部。其中，一是语言文字法律 10 部。一部专项法律，即《中华人民共和国国家通用语言文字法》。9 部相关法律，即《中华人民共和国宪法》《中华人民共和国区域自治法》《中华人民共和国教育法》《中华人民共和国义务教育法》《中华人民共和国民事诉讼法》《中华人民共和国刑事诉讼法》《中华人民共和国行政诉讼法》《中华人民共和国人民法院组织法》《中华人民共和国居民身份证法》。

二是语言文字规范 12 部，即《汉语拼音方案》《汉语拼音正词法基本规则》《文献工作——中文罗马字母拼写法》《普通话异读词审音表》《简化字总表》《现代汉语常用字表》《现代汉语通用字表》《第一批异体字整理表》《新旧字形对照表》《部分计量单位名称统一用字表》《信息交换用汉字编码字符集》《中华人民共和国广播电视管理条例》。具体分析如下：

（一）《中华人民共和国国家通用语言文字法》

2000 年 10 月 31 日，中华人民共和国主席江泽民发布第 37

号主席令，内容是：《中华人民共和国国家通用语言文字法》已由中华人民共和国第九届全国人民代表大会常务委员会第十八次会议于 2000 年 10 月 31 日通过，现予公布，自 2001 年 1 月 1 日起施行。

第一章"总则"。第二条，本法所称的国家通用语言文字是普通话和规范汉字。第三条，国家推广普通话，推行规范汉字。第二章"国家通用语言文字的使用"。第十一条，汉语文出版物应当符合国家通用语言文字的规范和标准。第十二条，广播电台、电视台以普通话为基本的播音用语。第十四条，广播、电影、电视用语用字应当以国家通用语言文字为基本的用语用字。第三章"管理和监督"，共七条。明确了政府在管理和监督方面的职能，还规定了违法者应该承担的法律责任。

（二）媒介法规政策中的相关条款

改革开放以来，我国政府对大众传播媒介制定了若干相应的语言文字法规、政策。

1. 广播影视

1987 年 4 月 1 日，国家语委、广电部颁发了《关于广播、电影、电视正确使用语言文字的若干规定》的通知。通知指出，广播、电影、电视作为现代化的大众传播媒介，是我们整个宣传战线和文化战线的重要组成部分，具有广泛的群众性。广播、电影、电视使用语言文字是否规范，不仅关系到宣传的实际效果，而且对社会的语言文字应用也会产生重大的影响。第二条，县、市以上（包括县、市）的广播电台（站）的播音，除少数民族聚居地区和其他特殊情况者外，都应逐步达到全部使用普通话，现在使用方言播音的节目，要根据当地普通话推广的情况，逐步改用普通话播音。第六条，民族地区的广播电台（站），除使用当地民族语言播音外，根据当地的实际需要和可能，可适当增加使用普通话播音的节目。附件共九条，明确指出广播、电影、电视使用普通话要合乎规范，应当避免读音差错。使用文字要合乎规范，不应使用已经简化了的繁体字、被淘汰了的异体字和不规范的简化字。应当消灭错别字。

1994 年 9 月 29 日，广电部电影事业管理局颁发了《关于重申国产影片必须使用普通话和规范汉字的通知》。通知指出，国产故事影片应使用普通话，不得大量使用方言。纪录片、科教片、美术片等片种一律使用普通话解说。影片的片名、演职员表和字幕要使用规范汉字。

1997 年 3 月 24 日，广电部、国家语委颁发了《关于建立广播电影电视系统普通话水平测试工作领导小组和测试站的通知》。通知指出，普通话是以汉语传送的各级广播电台、电视台的规范语言，是汉语电影、电视剧必行使用的规范语言，掌握并使用普通话是播音员、节目主持人、影视演员等专业人员必备的职业素质。因此，播音、主持、影视演员岗位的从业人员必须参加普通话水平测试并达到国家规定的标准。通知要求各省、自治区、直辖市广播影视厅（局）应在 4 月底以前完成测试站的组建工作。

1997 年 8 月 11 日，国务院令第 228 号发布《广播电视管理条例》。第三十六条，广播电台、电视台应当使用规范的语言文字。广播电台、电视台应当推广全国通用的普通话。

1997 年 12 月 30 日，广电部人事司颁布了《关于进一步做好播音员主持人持证上岗工作的几点意见》。意见强调，今后新进播音员、主持人，普通话必须经测试达标。三年内经测试仍不能达标的原播音员、主持人也将离岗。

2001 年 12 月 31 日，国家广播电影电视总局令第 10 号发布

《播音主持人持证上岗规定》。第二章第六条，基本条件：（二）熟悉国家有关广播电视宣传及管理的政策、法规、规定，并能用以指导业务实践。（六）普通话水平达到国家《普通话水平测试实施办法》规定的标准。

2003年9月15日，国家广播电影电视总局令第17号发布《广播电视广告播放管理暂行办法》，第十三条，广播电视广告应当使用规范的语言文字，不得故意使用错别字或用谐音或用谐音乱改成语。除注册商标及企业名称外，不得使用繁体字。

2004年10月，国家广播电影电视总局发布了《关于加强译制境外广播电视节目播出管理的通知》，要求停播用地方方言译制的境外广播电视节目。2005年鉴于电视剧使用方言的问题增多，国家广电总局同年10月8日发出《关于进一步重申电视剧使用规范语言的通知》，重申以下三点要求：（一）电视剧的语言（地方戏曲片除外）应以普通话为主，一般情况下不得使用方言和不标准的普通话。（二）重大革命和历史题材电视剧、少儿题材电视剧以及宣传教育专题电视片等一律要使用普通话。（三）电视剧中出现的领袖人物的语言要使用普通话。

2005年3月16日，国家广播电影电视总局发出《广电总局关于加强电视节目字幕播出管理的通知》，要求各级电视播出机构采取有效措施，制定明确的控制电视节目字幕错别字的指标，并将其纳入工作绩效考核。为了进一步提高播音员、主持人队伍的职业素质，规范他们的职业行为，国家广电总局于2005年9月10日发出《关于批转中国广播电视协会〈中国广播电视播音员主持人自律公约〉的通知》，要求播音员、主持人以推广普及普通话、规范使用通用语言文字、维护祖国语言和文字的纯洁性为己任；不模仿地域音及其表达方式，不使用对规范语言有损害的口音、语调、粗俗语言、俚语、行话，不在普通话中夹杂不必要的外语，不模仿港台话及其表达方式；不滥用方言词语、文言词语、简称略语或生造词语。

2006 年 5 月 22 日国家广播电影电视总局发布的 52 号总局令《电影剧本（梗概）备案、电影片管理规定》，第十五条规定"电影片的署名、字幕等语言文字，应按《中华人民共和国著作权法》、《中华人民共和国国家通用语言文字法》等有关规定执行"，规范了电影片的用语用字。

2. 新闻出版

1992 年 7 月 7 日，新闻出版署、国家语委关于发布《出版物汉字使用管理规定》的通知。通知指出，经国家新闻出版行政管理机关批准出版发行的报纸、期刊、图书、影像制品等出版物的用字，必须使用规范汉字。本规定所称的规范汉字，主要是指 1986 年 10 月根据国务院批示由国家语言文字工作委员会重新发表的《简化字总表》所收录的简化字；1988 年 3 月由国家语言文字工作委员会和新闻出版署发布的《现代汉语通用字表》中收录的汉字。违反本规定根据情节轻重分别处以责令改正、警告、500 元以上 5000 元以下的罚款。

1994 年 5 月 17 日，新闻出版署颁布《关于新闻出版行政管理部门要带头使用规范字的通知》。通知指出，对出版物用字进行管理，是新闻出版行政管理部门的一项职责。各新闻出版行政管理部门要把出版物的用字纳入行政管理。在出版物的审批、登记、变更、年检等项工作中，把用字规范化作为一项要求提出；在审读、评比出版物质量时，用字是否规范应作为一项重要标准。对少数严重违反规定而又拒不改正的，应依法给予处罚。

3. 地方语言法规中的特色条款

2005 年《上海市实施〈中华人民共和国国家通用语言文字法〉办法》,《办法》第十四条规定:"国家机关公文、教科书不得使用不符合现代汉语词汇和语法规范的网络语汇。"这是国内首次将规范网络语汇行为写入地方性法规。同时也意味着"美眉"(妹妹、美女)、"稀饭"(喜欢)、"粉丝"(英语 fans 的汉语读音,意指追随者)、"酱紫"("这样子"的合音)、"PK"(Player Kill 的缩略,电脑游戏中的对决、比试、较量)这些词汇将与上海的政府文件、教科书"绝缘"。

2006 年 9 月 12 日南京市新闻出版局和南京市语言文字工作委员会联合下发的《南京市新闻出版行业语言文字使用管理暂行规定》,首次对编校质量差错率标准做出明确规定,即"网络出版物的差错率标准为万分之三"、"内部资料性出版物根据形式及类别的差异,差错率标准分别参照相同形式及类别的报纸、期刊和图书"。

二、我国语言法律法规的相关问题

(一)法律法规的协调与衔接问题

人事部、教育部、国家语言文字工作委员会 1999 年 5 月 12 日联合发出《关于开展国家公务员普通话培训的通知》,该通知第二条明确规定:"1954 年 1 月 1 日以后出生的公务员达到普通话三级甲等以上水平;对 1954 年 1 月 1 日以前出生的公务员不作达标的硬性要求,但鼓励努力提高普通话水平。"通知要求各地各部门结合公务员的业务实际,制定长期规划,开展普通话培训工作,逐步将普通话作为考核公务员能力水平的一项内容。但是 2005 年 4 月 27 日第十届全国人民代表大会常务委员会第十五次会议通过的《中华人民共和国公务员法》,虽然设有公务员的条件、录用、考核、培训等十八章，但是没有一章一节涉及对公务员普通话水平的要求、培训及考核等事宜，甚至全篇就没有出现过一次"普通话"这个术语。为此建议今后修订该法时，能够增补普通话培训方面的内容。

（二）汉语国际传播问题

在全国推广普通话和推行规范汉字方面，我们已经有一套完整有效的政策法规体现，但在汉语国际传播方面尚有很多不足。如，中国行销世界各地的出口产品，其名称和说明书几乎都不使用汉语，这等于中国自动放弃在世界传播汉语的机会和权利，为此，建议政府相关部门制定相关政策法规，干预这种不正常的"弃权"行为。

（三）法律执行问题

《国家通用语言文字法》涉及行政司法、教育、新闻出版、广播电影电视、服务行业及公共设施等诸领域的用语用字问题，这些领域中的各级国家行政机关及其工作人员是语言法的执法主体，但是语言法在某些机关工作人员中的知晓度并不高，有法不知，有法不依，人治大于法治的现象依然存在。

《国家通用语言文字法》的规范对象主要是政府公务员、大众传媒、公共场合的用语用字，对此必须坚持强制性，必须依法执行；但是对于个人的语言文字使用，则应采取灵活性，只能引导，不能强制执行。

三、语言的传播规范

传媒语言，即大众传播的语言形态。自从秦始皇"书同文"之后，文字语言的普遍使用，逐渐形成了汉民族的书写规范共识，人们在识字、用字方面，已经克服了交往障碍，实现了传播和接受的"共同体意识"，达到了理解和沟通，并且鲜明地表现出历史轨迹和本土特色。可以这样说，文字语言已经有了常规形态和规范的文本。至于有声语言，在长久的历史发展中，由于地域广阔，方言复杂，人口流动频繁，教育滞后，特别是"重文轻语"观念的纷扰，就连使用有声语言的人们，大多也认为思维重要，写作重要。

吴为章先生在《新编普通语言学教程》中说："能指一经选择确定，所指（观念）就得同它捆绑在一起，任何人都不能随意改变它，它是一张'强制的牌'。这就是说，人们必须遵守社会的共同规约——语言规范，拒绝一切任意的代替，只有这样，言语活动、思想交流才得以进行。"这是从语言本体的角度阐明了语言规范之必须。

陈章太先生在《语言规划研究》中指出："几千年来，我国只重视书面语言的规范，讲究作诗写文章，而忽视口头语言的规范，不注重说话。即使'五四'运动时极力反对文言文，提倡白话文，主张言文一致，但忽视口语的倾向仍然没有得到根本的解决。新中国成立之后，对现代汉语的规范是十分重视的，确立了具体的标准，开展了许多工作，取得了很大的成绩，但这种规范仍由偏重书面语言的倾向，一般人还是不大注意讲究说话。然而在现实生活中，口语的作用越来越大。在这种情况下，强调口语的规范，加强对口语的研究，提高口语表达水平，就显得很有必要了。"这是从历史发展的进程也是从更高更深的角度强调规范之重要与可能。

语言学研究结果还表明：人类80%的语言行为都属于信息接收性质，即听他人说话或是阅读；只有20%的语言行为具有发出的性质，即对别人说话。由是观之，人类的信息接受能力要远远大于发出信息的能力。这个结论对于任何一个普通公民来说，他要使自己的语言向普通话这方面接近，很重要的是要通过大众传媒，对维吾尔族学习汉语更是如此。

必须认识到，语言是变化的，这是语言发展的必然规律，正如德国哲学家、语言学家洪堡特于 1836 年所说的："在语言中从来都没有真正静止的片刻，就好像人类思想之火花永远不停一样。"瑞士语言学家索绪尔也说："时间改变一切，没有理由要求语言能逃过这一宇宙的法则。"然而，"语言的变化是一种连续不断的、非常缓慢的过程，就像地球的转动、脸上的皱纹的延展或者花朵的开放"，它不是突进式的变化。因此，我们反对语言使用上的任意与盲从。

所以，传媒语言不仅是社会语言的标识，也是社会语言的规范。传媒语言更应该使用规范的即国家通用的语言文字。而国家通用语言文字法，语言文字的规范化，说普通话、写规范汉字，为我们打开了语言传播的通衢大道，为我们开辟了语言传播的广远时空。

第六章　结论与思考

　　长期以来，语言变化研究属于历史语言学的范畴。虽然同是研究语言变化，社会语言学家主要通过变体这一概念来研究语言变化，他们把语言变异看成是正在进行的语言变化的指示器（indicator）（Holmes J. 1992）。换句话来说，社会语言学家所关注的语言变化是社会语境中那些正在进行中的语言变异，这些变异更具有直观性，且其变异机制和原因更易于辨别。因此，语言变异是社会语言学的重要研究课题。

　　新疆维吾尔族使用的汉语是一种带有本民族痕迹的汉语，这种特殊的汉语系统在实际使用过程中，人们仅凭自然听感就可辨认话语者的民族身份。它从简单到复杂、从初级到高级，分阶段、分层次地逐步向汉语目的语过渡。这是社会语言学关注的少数民族汉语使用变异现象，值得认真研究。

　　传播信息是大众媒介的基本功能，研究的焦点无论是落在宏观的传播意义上还是微观的传播效果和受众上，都离不开语言的传播，这是社会语言学和传播学两种不同学科进行交叉研究的衔接点。

第一节 研究结论

媒体的产生与发展，使语言传播方式进入现代阶段。媒体在向大众传播信息的同时，也在向社会传播语言和语言规范。从我们的调查来看，汉语媒介接触对乌鲁木齐市维吾尔族的汉语使用有积极的影响。

一、总的趋势是汉语媒介接触频次越多，其汉语变异程度越低，这说明媒体语言对其汉语使用的不同影响力。具体到电视、广播、杂志和互联网四种媒介，汉语电视媒介的接触对维吾尔族汉语使用影响最大；汉语广播和杂志由于接触频率低，对维吾尔族整体汉语使用变异的影响最小；而作为新媒体的互联网，由于出现的时间还不长，尚没有成为维吾尔族大众的媒介，其影响还没有显现出来。

二、统计表明，在接触汉语电视、广播、杂志、互联网四种媒介中，不同性别的维吾尔族的汉语使用变异程度是不同的。在汉语电视媒介接触中，接触频度相同的维吾尔族女性较男性在汉语使用上更趋标准。F. Parker 对这种现象解释说："女性语言的更标准化可能反映了妇女是儿童护理人的传统角色和她们对下一代传授具有更高价值语言的关心。另外，当其他途径（如更大的赚钱能力）把她排斥在外时，使用标准语言可能是她们获得更高社会地位的一种办法。"英国的社会语言学家彼得·特鲁吉尔（P. Trudgill）曾经说过：男人富于创新，他们总是想要寻求变化打破规范；女人总是努力向标准看齐，追求规范。由此可见，帕克的解释和特鲁吉尔的预言同样适用于维吾尔族人汉语使用中的性别差异研究，这从一个方面验证了社会学的性别功能理论和以往社会语言学对此所做的研究。

接触汉语广播和杂志频度相同的维吾尔族在汉语使用变异上不存在性别差异，原因之一是样本中不接触汉语广播和杂志的维吾尔族大众所占比例最高，这是样本问题、媒介接触频率问题还是汉语水平问题尚需进一步探讨。因此，单从一个方面考察社会语言现象是有一定局限性的。

互联网作为新型媒介，具有全球性、即时性、互动性、多媒体传播性等优势，但由于经济、文化等原因，乌鲁木齐市维吾尔族家庭电脑拥有率比较低，要想让维吾尔族大众走上信息化道路，提高汉语水平，发展经济是关键。

三、第二语言习得的研究，肯定了在自然条件下，年龄越小，学得越好。接触汉语大众媒介年龄不同对维吾尔族汉语使用的影响从大到小依次为青年—中年—老年。这实际上仍然是第二语言习得理论中年龄对学习影响的又一个佐证。

四、在语言变异研究的社会语言学调查中，教育程度一直是一个重要的社会变量。长期以来，大多数研究表明，普通话具有较高威望，能够标识人们的社会地位和文化素养。因此，普通话水平及其使用频率常常与人们的教育程度成正比。而我们的调查表明：接触汉语电视、广播、杂志三种媒介对文化程度低的群体汉语使用的影响最大。这说明对已经接受过多年正规汉语教育的中高等文化程度者，再想在语音、词汇和语法三方面通过汉语大众媒介而有所提高是困难的。就是说，汉语媒介接触对维吾尔族中低文化程度者的影响力最大。接触互联网媒介频度对中低文化程度者在语言使用上影响较小，对高等文化程度者则有影响。这种结果主要是中低文化程度者接触互联网少，所以很难考察出对其语言使用的影响，需加大样本量，进一步探讨。

五、低收入包括无收入中大多都是学生，而中等收入则大多为公务员和科研工作者，社会的积极倡导使这些人群成为汉语学习的实践者，他们学习汉语的主动性强，因而接触汉语大众媒介频度对其汉语水平产生了直接影响，即接触多，汉语水平则高。而高等收入商人居多，其使用汉语的目的只为了交际，标准与否对生意没直接影响，因而，调查结果显示没有差异是合理的。

由于文化程度、职业、收入之间密切相关，对于接触汉语大众媒介的维吾尔族群体来说，究竟是收入影响汉语使用水平还是文化程度和经济因素亦或是共同影响还需要进一步探索。所以，单从一个角度考察社会语言现象是有其局限性的。

根据《新疆维吾尔自治区少数民族学前和中小学双语教育发展规划（2010—2020 年）》，新疆各地将逐步实现双语教育的全面普及，2012 年基本普及少数民族学前两年双语教育，2015 年中小学少数民族学生基本普及多种模式的双语教育，2020 年实现中小学少数民族学生双语教育全面普及。2010 年教育部、中央统战部、中央编办、国家发改委、国家民委、财政部、人社部、新闻出版总署出台《教育部等八部门关于推进新疆教育实现跨越式发展的意见》，把双语教育作为重点工作予以安排和部署，是双语教育被提升为国家战略的标志。

我们相信，随着双语教育的加强，维吾尔族大众掌握和使用国家通用语言文字的水平也将大幅度提高，维吾尔族大众接触汉语媒介的频度势必也会加大，受媒介语言的影响力也会越来越大。

媒体的社会使命是向大众传播信息。而我们在研究社会因素对语言的影响时，却很少把媒介因素考虑进去，尤其是媒介中的社会因素。这说明对该项研究重要性和必要性的认识还有待进一步深化。

总之，在所调查的五种大众媒介中，维吾尔族群体接触汉语电视媒介的频度是最高的，其次是汉语报纸和杂志，再次是广播，接触互联网的比例最低。作为社会因素的性别、年龄、职业、文化程度和经济都在不同程度地影响着维吾尔族对汉语媒介的接触，并促使其汉语使用水平发生变化。总的趋势是接触汉语媒介频度越高，汉语使用越标准。维吾尔族汉语使用水平受媒介接触程度高低的影响进一步说明，语言与媒介是一个动态的不断发展变化的过程，两者是一种对应关系。

第二节　思考与启发

一、新疆形势的认识与思考

新疆与祖国内地的联系源远流长，自西汉时期开始，中央政府设置西域都护府对天山南北各地进行军政管辖，新疆自此成为祖国不可分割的组成部分，我国历代中央政府在此建置立制，实施军政管辖，从未间断对新疆地区的管辖治理。虽然由于历朝统治控制时弱时强，中央王朝对新疆地区的管辖也时弱时强。但是，新疆始终是祖国不可分割的组成部分这一大趋势却始终没有变，诚如新疆和平解放后首任主席指出的："新疆与祖国的关系，既不是一般的朝贡与封赐的关系，也不是一般的暂时的藩属关系，而是表现为长期的不间断的国家行政权力在这一地区的直接行使。"① 正由于如此，国家的前途和命运从来就与新疆各族人民休戚与共，息息相关。祖国强大富强，新疆就发展繁荣；祖国衰弱落后，则新疆遭受外敌侵占屈辱。与此同时，我们还看到，自汉代以来，处于祖国边陲的新疆地区的战略地位日趋重要，其政治安危直接关系和时刻影响着国家的统一和社会稳定，正如清末成书的《新疆图志》序中所说：新疆"居神州大陆之脊，势若高屋之建瓴，得之则足以屏卫中国固我藩篱，不得则晋陇蒙古之地尽失，其险一举足而中原为之动摇"②。而每当新疆发生战乱、外敌入侵和中央政权重新统一新疆的时候，作为祖国大家庭成员的新疆各族人民都能自觉地与全国人民一道抵御外来入侵，为维护祖国统一和尊严而共同奋斗。

在新疆，全面贯彻落实了民族区域自治制度，实行了民族平等、团结、共同繁荣的政策，尊重少数民族的语言、文字、风俗、习惯和宗教信仰自由，培养造就了一大批少数民族干部和技术人才，实施西部大开发战略，内地19省市对口支援新疆，特别是中央新疆工作座谈会的召开，为新疆的跨越式发展和长治久安奠定了坚实的基础。

如何让中央的富民政策和内地省市的深情厚谊深入各民族人民的心田，如何消除"三股势力"造谣诬蔑、蛊惑群众造成的影响，加强各民族间的接触与交流，特别是通过媒介接触，促进各民族间的接触与交流，就显得尤为重要。

语言是社会沟通的工具，文字是记录语言的符号。随着社会

① 包尔汉：《关于新疆历史的若干问题》，载《民族研究》，1979（1）。

② 王树楠：《新疆图志》（复印本全），上海，上海古籍出版社，1992年。

的发展，在使用和发展各民族语言文字的同时，必须实现各民族之间语言文字的交流。对于中国这样一个统一的多民族国家，需要依法确立一种能够为大多数国民所理解的语言，满足这一条件的唯一语言就是汉语普通话。汉语普通话不仅是占全国人口近92%的汉族所使用的语言，也是我国各民族之间相互交往的公共通用语言。目前，我国56个少数民族中，有三分之一的民族兼用汉语普通话，有6个民族全部或大部分转用了汉语普通话，近40个民族有大部分人兼通汉语。就全国而言，应用性最强、最普遍的语言是汉语。

新中国成立后，新疆建立了从幼儿园到大学的教育体系。随着改革开放的不断深入，各种新技术、新思维在各民族间的传播越来越重要，而汉语普通话已经成为制约各民族间交流与交往的瓶颈。例如：地膜技术在20世纪80年代引入新疆，推广地膜技术用了7年的时间。语言障碍是影响其推广的原因之一。1995年，《新疆教育中长期发展规划纲要》提出在中小学普及汉语教学，在高校实行汉语授课。学习汉语普通话，无论是对个人还是少数民族本身的发展，都是极为有益的。把汉语普通话确立为全国通用语，不仅是国家统一的需要，而且是全社会进行跨区域、跨民族商品流通、信息交流和现代化建设的需要。

印刷出版物和影视媒体是人们获得各类知识信息不可替代的渠道。在我国，汉语文的出版物和其他音像制品占据了最重要的地位：历史上和近现代的大量文化典籍和科技成果是用汉文出版的，汉族学者的绝大多数研究成果是用汉文出版的，国外的大量文学、科技著作和其他出版物被译成汉文出版，国内许多少数民族知识分子的大多数研究成果也用汉文发表或出版。我国每年的出版物中有99%是汉文出版物，在中国如果能熟练地掌握汉语

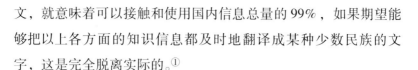

文，就意味着可以接触和使用国内信息总量的99％，如果期望能够把以上各方面的知识信息都及时地翻译成某种少数民族的文字，这是完全脱离实际的。①

目前，中央启动了新一轮援疆政策，召开了事关新疆跨越式发展和长治久安的新疆工作会议，内地19省市大批技术人员带着援建项目奔赴新疆各援建县市，汉语普通话对于接触与交流就显得更为重要。

二、传播学理论对维吾尔族汉语使用研究的启发

由于电子媒介技术的迅速发展，使得媒介的社会影响力不断扩大，越来越多的社会学者开始关注信息与传播的问题并从各自的学科背景出发来研究这些问题。本文从媒介接触角度对乌鲁木齐市维吾尔族汉语使用进行了考察，在社会语言学、传播学跨学科研究上进行了有益的尝试，得出了一些有意义的结论，对下一步的研究有了进一步的思考。

（一）"知识沟"假说

"知识沟"假说是美国1970年以来传播学媒介效果研究的典范之一。基本观点是：随着大众传播媒介向社会传播信息的增多，社会经济状况好的人将比差的人以更快的速度获取信息，因此两类人之间的知识沟扩大，而不是缩小。

由于大众传播媒介主要依靠语言进行信息传播，前期的研究表明，对汉语媒介接触程度不同，维吾尔族各群体在汉语使用水平上会有差异。因此，我们可以在新疆目前的社会环境与传播环境下，进一步考察汉语媒介接触不同是否会形成对汉语信息接

---

① 马戎：《加快民族发展的重要手段》，中国民族报，2009年7月17日。

收、理解、使用不同的"知沟"现象，为我国在传播领域存在的东西部地区差异提出合理化建议。

（二）议程设置理论

"议程设置"理论 1972 年提出。该理论认为大众传播往往不能决定人们对某一事件或意见的具体看法，但可以通过提供给信息和安排相关的议题来有效地左右人们关注哪些事实和意见及他们谈论的先后顺序。大众传播可能无法影响人们怎么想，却可以影响人们去想什么。该理论强调：受众会因媒介提供议题而改变对事物重要性的认识，对媒介认为重要的事件首先采取行动。

要想提高维吾尔族汉语使用水平，首先要让维吾尔族认识到学习汉语的重要性，这可以通过媒介提供的相关议题来实现，进而可以对比维吾尔族各群体对汉语学习的不同态度和行为，并探讨其对汉语使用水平的影响。

（三）教养理论

"教养理论"又称"涵化理论""培养理论"，它的提出是在 20 世纪 60 年代末期，其提出的背景主要是电视媒介在当时所发挥的越来越大的社会影响力尤其是负作用。主要内容是：对大量看电视的观众来说，电视实际上主宰和包容了其他的信息、观念和意识的来源，所有接触这些相同消息所产生的潜移默化的效果便是"教养"作用，或者说教导了共同的世界观，共同的角色观和共同的价值观的作用。

前面的研究表明，接触汉语电视在维吾尔族对汉语大众媒介的选择比例上是最高的，汉语电视节目如何影响维吾尔族汉语使用能力是我们要考察的。同时还可考察这些传播内容对维吾尔族语言价值观的形成所产生的作用。

（四）使用与满足理论

"使用与满足"理论站在受众的立场上，通过分析受众对媒介的使用动机和获得需求满足来考察大众传播给人类带来的心理和行为上的效用。1974 年提出。该理论认为：媒介接触行为概括为一个"社会因素＋心理因素—媒介期待—媒介接触——需求满足"的因果连锁过程，提出了"使用与满足"过程的基本模式。

在进行维吾尔族汉语使用研究时可以首先对该理论进行验证，即考察接触汉语媒介是否满足了个人需求，继而探讨两种结果对汉语媒介的选择使用行为，在此基础上审视"使用与满足"理论对维吾尔族汉语使用能力的影响。

除此之外，我们还可以从大众媒介的基本功能（传播信息、引导舆论、教育大众、提供娱乐）出发来研究维吾尔族汉语使用，以此探讨语言的传播效果。

参考文献

一、专著

[1] 陈建民．中国语言和中国社会．广州：广东教育出版社，1999.

[2] 陈汝立．周磊．王燕．新疆汉语方言辞典．新疆：新疆人民出版社，1990.

[3] 陈松岑．语言变异研究．广州：广东教育出版社，1999.

[4] 陈原．社会语言学．上海：学林出版社，1983.

[5] 陈章太．语言规划研究．北京：商务印书馆，2005.

[6] 陈章太．二十世纪的中国社会语言学．北京：北京大学出版社，1998.

[7] 戴庆厦．中国少数民族语言文字应用研究．昆明：云南民族出版社，1999.

[8] 戴庆厦．社会语言学概论．北京：商务印书馆，2004.

[9] 傅懋勣．论民族语言调查研究．北京：语文出版社，1998.

[10] 冯志伟．应用语言学综论．广州：广东教育出版社，1999.

[11] 风笑天．现代社会调查方法．武昌：华中科技大学出版社，2004.

[12] 郭庆光．传播学教程．北京：中国人民大学出版社，1999.

[13] 桂诗春，宁春岩．语言学方法论．北京：外语教学与研究

出版社，2002.

[14] 丁未. 社会结构与媒介效果——"知沟"现象研究. 上海：复旦大学出版社，2003.

[15] 郭熙. 中国社会语言学. 南京：南京大学出版社，2003.

[16] 国家民委文化宣传司编. 民族语文政策法规汇编. 北京：民族出版社，2006.

[17] 国家语言文字工作委员会普通话培训测试中心. 普通话水平测试实施纲要. 北京：商务印书馆，2004.

[18] 国家语言资源监测与研究中心编.2005 中国语言生活状况报告上编. 北京：商务印书馆，2006.

[19] 国家语言资源监测与研究中心编.2006 中国语言生活状况报告上编. 北京：商务印书馆，2007.

[20] 汉书·西域传（下）. 北京：中华书局，1983.

[21] 胡明扬等. 社会语言学研究论集. 北京：北京语言大学出版社，2002.

[22] 教育部语言文字应用管理司编. 新时期语言文字法规政策文件汇编. 北京：语文出版社，2005.

[23] 胡正荣. 传播学总论. 北京：北京广播学院出版社，2003.

[24] ［法］加布里·埃尔塔尔德. 传播与社会影响. 北京：中国人民大学出版社.

[25] 柯惠新，沈浩. 调查研究中的统计分析法. 北京：中国传媒大学出版社，2005.

[26] 拉波夫. 在社会环境里研究语言. 语言学译丛（1），北京：中国社会科学出版社，1979.

[27] 拉波夫. 拉波夫语言学自选集. 北京：北京语言文化大学出版社，2001.

［28］卢纹岱．SPSS for Windows 统计分析．北京：电子工业出版社，2000．

［29］李荣．乌鲁木齐方言词典．南京：江苏教育出版社，2001．

［30］林连书．应用语言学实验研究方法．广州：中山大学出版社，2001．

［31］刘润清．西方语言学流派．北京：外语教学与研究出版社，2002．

［32］李琪．中亚维吾尔人．乌鲁木齐：新疆人民出版社，2003．

［33］马戎．民族与社会发展．北京：民族出版社，2001．

［34］厉声．中国新疆历史与现状．乌鲁木齐：新疆人民出版社，2003．

［35］卢杲．统一自然科学和人文社会科学．http://WWW.people.com.cn，2004．

［36］鲁曙明，洪浚浩．传播学．北京：中国人民大学出版社，2007．

［37］苏志武．科技与传播——现代传播文集．北京：北京广播学院出版社，2000．

［38］王立．汉语词的社会语言学研究．北京：商务印书馆，2003．

［39］［美］威尔伯·施拉姆，威廉·波特．传播学概论．陈亮等译．北京：新华出版社，1984．

［40］乌鲁木齐市人口普查办公室．新疆维吾尔自治区 2000 年人口普查资料·乌鲁木齐卷．乌鲁木齐：新疆人民出版社，2002．

［41］乌鲁木齐市史志办．乌鲁木齐市志 第一卷．乌鲁木齐：新疆人民出版社，2000．

［42］吴为章．新编普通语言学教程．北京：北京广播学院出版社，1999.

［43］王树楠．新疆图志（复印本全）．上海：上海古籍出版社，1992.

［44］新疆维吾尔自治区地方志编纂委员会．新疆通志第76卷：语言文字志．乌鲁木齐：新疆人民出版社，2000.

［45］新疆维吾尔自治区民族语言文字工作委员会．新疆民族语言分布状况与发展趋势．北京：北京语言大学出版社，2002.

［46］新疆维吾尔自治区统计局．新疆统计年鉴．北京：中国统计出版社，2002.

［47］续西发．新疆世居民族．乌鲁木齐：新疆人民出版社，2006.

［48］徐思益等．语言的接触与影响．乌鲁木齐：新疆人民出版社，1997.

［49］徐大明等．当代社会语言学．北京：中国社会科学出版社，1997.

［50］杨永林．社会语言学研究．功能·称谓·性别篇．上海：上海外语教育出版社，2004.

［51］姚喜双，郭龙生．媒体与语言——来自专家与明星的声音．北京：经济科学出版社，2002.

［52］殷晓荣．新闻传播学学术精要．上海：复旦大学出版社，2007.

［53］语言学百科词典．上海：上海辞书出版社，1993.

［54］［美］约瑟夫·斯特劳巴哈，罗伯特·拉罗斯．今日媒介：信息时代的传播技术．熊澄宇等译．北京：清华大学出版

大众媒介对乌鲁木齐市维吾尔族汉语使用的影响

社，2002.

［55］张颂等．语言和谐艺术论——广播电视语言传播的品位与导向．北京：中国传媒大学出版社，2009.

［56］赵蓉晖．社会语言学．上海：上海外语教育出版社，2005.

［57］中国大百科全书·语言文字卷．北京：大百科全书出版社，1988.

［58］中国社会科学院语言研究所词典编辑室编．现代汉语词典．北京：商务印书馆，2005.

［59］朱学佳．维吾尔族汉语使用变异研究．北京：中央民族大学出版社，2007.

［60］祝畹瑾．社会语言学概论．长沙：湖南教育出版社，2001.

［61］祝畹瑾．社会语言学译文集．北京：北京大学出版社，1985.

［62］邹嘉彦，游汝杰．语言接触论集．上海：上海教育出版社，2004.

二、论文

［1］包尔汗．关于新疆历史的若干思考．民族研究，1979（1）.

［2］蔡崇尧．对维吾尔族学生汉语学习中偏误的分析．语言与翻译，2000（1）.

［3］曹志耘．中国社会语言学大有可为——在首届社会语言学学国际学术研讨会上的总结发言．语言教学与研究，2002（6）.

［4］陈建民，陈章太．从我国实际出发研究社会语言学．中国语文，1988（2）.

［5］陈建平．社会语言学的理论基础．广东外语外贸大学学报，2002（3）.

［6］陈章太．对普通话及其有关问题的再思考．语文建设通讯，2000（7）．

［7］陈章太．近期中国社会语言学的几个热点．世界汉语教学，2001（1）．

［8］陈章太．略论我国新时期的语言变异．语言教学与研究，2002（6）．

［9］陈章太．论语言资源．语言文字应用，2008（1）

［10］陈章太．我国社会语言学在发展中的问题——在"社会语言学理论和中国社会语言学研讨会"闭幕会上的发言．世界汉语教学，2002（2）．

［11］陈章太．语言变异与社会及社会心理．厦门大学学报，1988（1）．

［12］陈章太．再论语言生活调查．语言教学与研究，1999（3）．

［13］戴曼纯，肖云南．语言环境的类型与作用．湖南大学学报，1995（2）．

［14］戴曼纯．中介语的可变性之争及其意义．外语与外语教学，1999（1）．

［15］戴庆厦．民族心理与少数民族语言文字应用．中央民族大学学报，2000（5）．

［16］戴炜栋，陈夏芳．语言变化的社会因素．上海外国语学院学报，1995（6）．

［17］戴昭铭．世纪之交的中国社会语言学——"九五"回顾和"十五"展望．求是学刊，2000（6）．

［18］丁石庆．双语交际者之语言观窥探．西南民族学院学报，1999（5）．

［19］丁信善．《社会语言学》评价．外语教学与研究，1990
（3）．

［20］盖兴之．纳西族双语地区的汉语中介语研究．中央民族大
学学报，2000（2）．

［21］盖兴之．中介语与底层研究的关系．民族语文，1996
（2）．

［22］高莉琴．汉语作为第二语言学习的语音研究．语言与翻译，
2000（2）．

［23］高莉琴．维吾尔人说汉语的语音特点．语言与翻译，1990
（3）．

［24］郭熙．中国社会语言学研究的现状与前瞻．江苏社会科学，
2002（5）．

［25］海峰．少数民族汉语教学中语言偏误的表现形式及其存在
价值．和田师范专科学校学报，2005（2）．

［26］黄行．我国的语言和语言群体．民族研究，2002（1）．

［27］康健．中介语理论视野下的维族学生汉语学习．喀什师范
学院学报，2004（4）．

［28］李祥瑞．维吾尔语对新疆汉话的一些影响．语言与翻译，
1988（3）．

［29］吕必松．论汉语中介语的研究．语言文字应用，1993
（2）．

［30］马德元．学生母语对汉语教学的负面影响．语言与翻译，
2000（1、2）．

［31］闵爽，沈利德．新疆汉、维语言接触中部分语法现象探讨．
石河子大学学报，2005（2）．

［32］阮畅．语言变异研究综述．唐山学院学报，2003（1）．

［33］司联合．中国过渡语研究的现状与前瞻．江苏社会科学，2002（5）．

［34］田世棵．关于维、哈族学生误读汉语普通话词语的调查研究．西北民族学院学报，1984（3）．

［35］王得杏．社会语言学的诸领域．外语教学与研究，1985（3）．

［36］王建勤．历史回眸：早期的中介语理论研究．语言教学与研究，2000（2）．

［37］王建勤．中介语产生的诸因素及相互关系．语言教学与研究，1994（4）．

［38］王远新．论民族语言学的社会语言学研究．汉字文化，1994（1）．

［39］王远新．社会语言学的语言观和方法论．中央民族大学学报，2005（2）．

［40］王远新．我国少数民族语言学界社会语言学研究中的几个问题．语言与翻译，1987（4）．

［41］吴若愚，成世勋．新疆少数民族汉语普通话水平测试问题初探．语言与翻译，2004（1）．

［42］武金峰．新疆各民族之间的影响略探．西部民族研究，1996（1）．

［43］徐大明．语言研究的科学化．语言教学与研究，2003（1）．

［44］徐思益．试论语言的民族变体．语言与翻译，2000（4）．2001（1）．

［45］徐通锵．语言变异的研究和两种对立语言观的结合．烟台大学学报，1988（3）．

［46］徐通锵．语言变异的研究和语言研究方法论的转折．语文研究，1987（4）．1988（1）．

［47］杨永林．《社会语言学》评介．当代语言学，2002（4）．

［48］杨永林．社会语言学四十年．外语教学与研究，2001（6）．

［49］喻捷，张庆宏．维吾尔语与汉语的相互影响与渗透．语言与翻译，1991（4）．

［50］约翰·甘柏兹．互动社会语言学的发展．高一虹译，中国社会语言学，2003（创刊号）．

［51］张崇富．语言环境与第二语言获得．世界汉语教学，1999（3）．

［52］张洋．论新疆汉语方言的维吾尔语借词．新疆师范大学学报，1998（2）．

［53］赵蓉晖．社会语言学的历史与现状．外语研究，2003（1）．

［54］赵蓉晖．最近十年的中国社会语言学．新疆大学学报，2005（3）．

［55］周庆生．当代社会语言学鸟瞰——中国、西方、亚洲和前苏联．满语，1995（2）．

［56］朱学佳．维吾尔族使用汉语的变异及其规范研究．新疆大学学报，2005（2）．

［57］朱学佳．媒介接触对维吾尔族汉语方言词使用的影响．语言与翻译，2006（2）．

附录：问卷

访问日期：200___年___月___日　星期___	之前拒绝访问：_____位
访问起止时间：　　　　　—	访问员姓名：
被访者姓名：_____ 被访者联系电话：_____	
访问地点：_____区_____街道_____社区 _____号	

大众媒介对乌鲁木齐市维吾尔族
汉语使用的影响调查问卷

先生/女士：

　　您好！我是中国传媒大学调查统计研究所的博士后，我们正在进行一项有关大众媒介影响力的学术研究活动。本研究中所涉及的问题无对错之分，您只需要按照自己实际情况作答即可。您的所有回答仅用作学术研究，并会严格保密，请您放心作答。谢谢您的支持与配合！

一、请您按照平时的说话习惯，读出下面的字词

个　背　群　丢　女　雄　豆　水　夸　枪

实　风　而　妇　人　鹅　兵　球　信　书

天 哼 灭 抓 昏 翁 荒 绝 坐 发
开 夹 赛 爱 煤 关 尊 选 说 往
尿 俩 方 军 灰 杂 周 勤 却 院

二、请您按照平时的说话习惯，读出下面的双音节词

把手 美妙 盆地 铁道 强盛 快速 居然 电影 号召
约会 略微 穷苦 捐献 雄壮 此外 配合 北面 反映
运动 放心 更加 普遍 亲戚 抓紧 讲座 推广 问题
群众 原料 儿童 荣辱 冠军 紧张 女士 催促 婶婶
财富 要弄 惨败 傻眼 抢劫 使馆 早产 分析 加强
奔跑 干净 熊猫 阳台 平米

三、下面每组里的两个词，您最习惯用哪个词（每项单选）

编号	请选择最常用的一个		编号	请选择最常用的一个	
Q3-01	1. 巴扎尔	2. 集市	Q3-26	1. 个人	2. 自己
Q3-02	1. 白卡尔	2. 徒劳地	Q3-27	1. 苕癫癫	2. 傻头傻脑
Q3-03	1. 阿孜尔	2. 马上	Q3-28	1. 慢不拉唧	2. 慢
Q3-04	1. 外将	2. 哎呀	Q3-29	1. 甜不拉兮	2. 甜
Q3-05	1. 牌子	2. 好、不错	Q3-30	1. 哪达	2. 哪里、哪儿
Q3-06	1. 皮恰克	2. 匕首	Q3-31	1. 日能	2. 逞能
Q3-07	1. 皮牙子	2. 洋葱	Q3-32	1. 章程	2. 能耐、本事
Q3-08	1. 海卖斯	2. 统统、全部	Q3-33	1. 原子笔	2. 圆珠笔
Q3-09	1. 呼唥	2. 睡觉	Q3-34	1. 颇烦	2. 烦恼
Q3-10	1. 麻达	2. 麻烦	Q3-35	1. 一满	2. 都、统统
Q3-11	1. 开台	2. 走、离开	Q3-36	1. 土块	2. 土坯
Q3-12	1. 样子样子	2. 各种各样	Q3-37	1. 包谷	2. 玉米
Q3-13	1. 塔西郎	2. 坏了、死了	Q3-38	1. 言喘	2. 吭声、说话

编号	请选择最常用的一个		编号	请选择最常用的一个	
Q3-14	1. 阿达西	2. 朋友、情人	Q3-39	1. 儿子娃娃	2. 男子汉
Q3-15	1. 糊里马腔	2. 胡乱	Q3-40	1. 贼娃子	2. 小偷
Q3-16	1. 艾来拜来	2. 这样那样	Q3-41	1. 咋忽	2. 大声说
Q3-17	1. 恰塔克	2. 麻烦、故障	Q3-42	1. 奶子	2. 牛奶
Q3-18	1. 卡德尔	2. 干部	Q3-43	1. 试当	2. 试试
Q3-19	1. 巴郎子	2. 孩子（男性）	Q3-44	1. 拿把	2. 刁难
Q3-20	1. 达达	2. 爸爸、父亲	Q3-45	1. 球衣	2. 运动衣
Q3-21	1. 馍馍	2. 馒头	Q3-46	1. 高头	2. 上面
Q3-22	1. 伙房	2. 食堂	Q3-47	1. 老到	2. 厉害
Q3-23	1. 洋芋	2. 土豆	Q3-48	1. 莲花白	2. 卷心菜
Q3-24	1. 洋柿子	2. 西红柿	Q3-49	1. 谝椽子	2. 闲聊
Q3-25	1. 唬弄	2. 欺骗	Q3-50	1. 噢唷喂	2. 哎呀

四、请读出下面的词语并解释其含义

编号	媒介流行语知晓度	自读	听读
Q4-01	日本大地震		
Q4-02	最美妈妈		
Q4-03	打四黑除四害		
Q4-04	击毙本·拉登		
Q4-05	福岛核泄漏		
Q4-06	幸福感		
Q4-07	天宫一号		
Q4-08	红十字会		

续表

编号	媒介流行语知晓度	自读	听读
Q4-09	京沪高铁		
Q4-10	北京精神		
Q4-11	乔布斯		
Q4-12	地沟油		
Q4-13	共产党人		
Q4-14	限购令		
Q4-15	醉驾入刑		
Q4-16	唱红歌		
Q4-17	异地高考		
Q4-18	房价调控		
Q4-19	药家鑫		
Q4-20	旭日阳刚		

五、下面的说话方式，您常用不常用

Q5-01　现在年轻人嘛就穿这种嘛。　　1. 常用　　2. 不常用

Q5-02　吃萨，多吃点萨，别客气!　　1. 常用　　2. 不常用

Q5-03　今天电影好看呢!　　1. 常用　　2. 不常用

Q5-04　看房子走。　　1. 常用　　2. 不常用

Q5-05　汉话我说不来。　　1. 常用　　2. 不常用

Q5-06　付钱，零钱给给。　　1. 常用　　2. 不常用

Q5-07　我以前萨车工作。　　1. 常用　　2. 不常用

Q5-08　我以前汉话好好不说。　　1. 常用　　2. 不常用

Q5-09　我的名字买买提·吐尔逊　　1. 常用　　2. 不常用

Q5-10　我汉族话不懂。　　1. 常用　　2. 不常用

Q5-11　没有考上大学，妹妹三天哭了　　1. 常用　　2. 不常用

Q5-12　　我把你怎么说呢？　　　　　1. 常用　　2. 不常用

六、您的基本情况

Q6-01：您的性别（单选）　　　　　　　1. 男　　2. 女

Q6-02：您出生在＿＿＿＿＿年（请填写）

Q6-03：您的文化程度（单选）

　　1. 小学及以下　　　　　　　2. 初中

　　3. 中专/技校/高中　　　　　4. 大学专科

　　5. 大学本科及以上

Q6-04：您的职业（单选）

　　1. 管理人员/白领

　　2. 教师、医生等科教、文卫人员/专业技术人员

　　3. 经理　　　　　　　　　　4. 私营企业主

　　5. 办事人员/公务员　　　　　6. 个体工商户

　　7. 服务人员　　　　　　　　8. 工人

　　9. 农民　　　　　　　　　　10. 下岗/待业/失业人员

　　11. 军人/警察/武警　　　　　12. 自由职业

　　13. 其他（请注明）：＿＿＿＿＿＿＿＿＿

Q6-05：您个人平均一个月的收入（包括福利/兼职/奖金等所有的收入）大约为＿＿＿＿＿元。

Q6-06：您家里是否有以下大众媒介？

大众媒介	有	没有
电视		
报纸、杂志		
广播		
互联网		

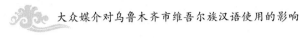

Q6-07：上周，您接触（收看/阅读/收听/浏览）下列汉语媒介的
频率（每行单选）

大众媒介	几乎天天	经常	有时侯	很少	没有
1. 电视					
2. 报纸					
3. 广播					
4. 杂志					
5. 互联网					

后　记

　　一直感恩于爱人这些年的倾力付出，一直盼望出一本小书来见证我们共同的努力。

　　感恩国家社科基金的资助。

　　这本书从定题到付梓，转眼间已是四年。

　　早在读博期间，导师陈章太先生就赞有着不同学科背景的爱人善于思考、头脑灵活，思路清晰。他希望我完成学业后，能和爱人一起继续丰富以往的研究。2010年，当我终于给博士、博士后五年的求知岁月画上一个句号时，爱人已经为这本书的积累做完了前期工作。经过三年的撰写和一年的修改补充，今天终将付梓。这既是对关怀和帮助我们的师友们的一个交代，也算是记录我们一起走过的岁月。

　　本稿从写作、修订到成书，导师陈章太先生的指点和激励，令我们的坚持演成执著。如果说这算是一点点进步的话，那都是导师言传身教的的结果。面对恩师，我们无以为报，唯有在这条不算热闹的道路上继续行走，并把沿途采撷到的风景即时奉献。同时，我们要特别感谢新疆大学的徐思益先生、中央民族大学的戴庆厦先生多年来对我们的鼓励和提携，我们将因此而进步、前行！

民族出版社欧光明主任、千日编辑在本书出版过程中付出了大量的精力，在此致以最诚挚的谢意。

朱学佳
2014 年夏于暖窝阁

图书在版编目（ＣＩＰ）数据

大众媒介对维吾尔族汉语使用的影响/朱学佳，刘海涛著 . —北京：民族出版社，2014.12

（中国少数民族语言研究丛书/戴庆夏主编）

ISBN 978 – 7 – 105 – 13708 – 4

Ⅰ . ①大… Ⅱ . ①朱… ②刘… Ⅲ . ①大众传播—传播媒介—影响—维吾尔族—汉语—应用—研究 Ⅳ . ①H1

中国版本图书馆 CIP 数据核字（2014）第 031585 号

大众媒介对维吾尔族汉语使用的影响

策划编辑：欧光明

责任编辑：千　日

封面设计：海龙视觉

出版发行：民族出版社

地　　址：北京市东城区和平里北街 14 号　邮编：100013

网　　址：http：//www. mzpub. com

电　　话：010 – 64228001（编辑室）

　　　　　010 – 64224782（发行部）

印　　刷：北京彩云龙印刷有限公司

经　　销：各地新华书店

版　　次：2014 年 12 月第 1 版　2014 年 12 月北京第 1 次印刷

开　　本：640 毫米 ×960 毫米　1/16

字　　数：135 千字

印　　张：10. 75

定　　价：36. 00 元

ISBN 978 – 7 – 105 – 13708 – 4/H · 963（汉 309）